HEJ.

4

HEJ.

SKANDI-CHIC

Lieblingskleidung nähen

20 Modelle
In den Größen 34–44
Mit 6 Schnittmusterbogen

EMF
EIN BUCH DER
EDITION MICHAEL FISCHER

Anja Roloff

INHALT

GRUNDLAGEN

PROJEKTE

VORWORT

Hej!

Schön, dass du mein viertes Buch in den Händen hältst!

Nach zwei Büchern mit Fokus auf luftiger Sommerkleidung und einem Buch, das die winterliche Lücke in der skandinavischen Handmade-Garderobe schließt, wird es nun ganz gemischt. Und ja, gemischt ist wortwörtlich zu nehmen.

Wir mixen nämlich, was der Stoffvorrat hergibt!

Ich habe 20 Schnittmuster zusammengestellt, von denen jeweils zwei der gleichen Basis entspringen. Aus Shirt wird Kleid, aus Hose wird Shorts. Das soll zum Experimentieren anregen und zeigen, dass man aus einem Schnitt oft so viel mehr nähen kann als man denkt.

Am besten erklären lässt sich das mit einem einfachen Beispiel. Wohl jede*r Hobbynäher*in hat schon mal ein gut sitzendes Shirt zum Kleid verlängert oder ihren Lieblings-Kleiderschnitt eingekürzt, um ein Shirt zu erhalten. Pattern-Hacking macht Spaß, man spart sich den Passformcheck und kreativ ist's noch dazu. Das ist der Grundgedanke, der in diesem Buch steckt.

Nur darf es natürlich schon ein bisschen anspruchsvoller sein, als nur zu verlängern oder abzuschneiden. Aber keine Angst, die 20 Modelle sind natürlich alle auch auf den Schnittmusterbogen zu finden.

Viel Spaß beim Nähen, freue dich auf deine ganz eigenen Kreationen und sei stolz auf dich, wenn du deine selbst genähten Teile trägst!

GRUNDLAGEN

HOW TO: SCHNITTMUSTER-HACKING

Wie geht das eigentlich mit dem Mischen der Schnittmuster? Alles kann, nichts muss!

Grundsätzlich muss gar nichts beachtet werden – wenn man mal davon absieht, dass die Schnittteile mehrfach beschriftet sind. Wer es unkompliziert mag, näht einfach alle 20 Modelle so wie ich sie genäht habe. Und an dieser Stelle möchte ich erwähnen, dass das völlig okay ist. Nähen ist kein Wettbewerb, ich bin selbst immer die Erste, die nach der einfachsten Lösung sucht!

Wer mehr möchte, kann aber noch mehr aus den Schnitten machen und sich die persönlichen Rosinen, äh – Lieblingsschnitte, herauspicken. Immer zwei Schnittmuster haben dieselbe Basis und teilen sich Elemente wie zum Beispiel Vorder- und Rückteil. Vieles drumherum ist optional. Wer einen Blouson Marte (Seite 23) nähen möchte, aber gleichzeitig die Colourblocking-Teilung vom „Partnerschnitt" Pullover Mare (Seite 29) haben möchte – go for it! Ausschnittvarianten, Ärmel, Saumabschlüsse und Co. lassen sich zwischen den Partnerschnitten einfach austauschen.

Egal, welcher Schnitt genäht wird, und egal, wie viel verändert oder gemischt wird, lies auf jeden Fall nicht nur die Anleitung des Schnittes, sondern zur Sicherheit auch die des Partnerschnittes durch. Wäre doch schade, wenn dir Tipps oder alternative Nähvarianten entgehen!

Ich selbst war nie die große Schnittmuster-Hackerin. Zu groß war die Angst, dass es eben doch nicht gelingt. Aus einem langen Kleid ein kurzes machen? Okay. Aus einem Kleid ohne Verschluss eines mit Knopfleiste machen? No way!

Das macht man als Nähanfänger*in nicht so einfach und deshalb ist es mir wichtig, dass alle genähten Modelle so auch auf den Schnittmusterbogen zu finden sind.

Während wir diese nähen, lernen wir aber ganz nebenher etwas über ihren Aufbau und das macht uns mutig und experimentierfreudig und vielleicht folgt nach dem ersten persönlichen Mix der Schnitte schon bald der Hack bei anderen Schnitten. Es soll da ja noch mindestens drei weitere Bücher mit skandinavischer Mode geben …

GROßE STOFFLIEBE, KLEINE STOFFKUNDE

Wir alle lieben Stoff, trotzdem halte ich es hier kurz und erwähne nur die im Buch vernähten Stoffqualitäten oder für die Schnitte vorgeschlagene Alternativen.

TIPP:

Ich wasche alle Stoffe, die mal Kleidungsstücke werden sollen, vor – zumindest dann, wenn ich das Kleidungsstück später auch waschen möchte. Neben dem möglichen Schrumpfen von Stoffen beugt das auch dem späteren Verfärben oder Ausbluten vor. Wer Angst vor sich einrollenden Rändern bei Jersey hat, greift einfach vor der Wäsche zur Overlock, um die Stoffe zu versäubern, oder nach der Runde in der Waschtrommel zum Bügeleisen.

AJOUR

ist eine Bezeichnung für durchbrochenen Stoff, zum Beispiel Strickstoff mit einer Art Lochmuster, wie ich ihn für das Oberteil auf Seite 51 verwendet habe.

BAUMWOLLWEBWARE

ist ein Sammelbegriff für alle einfachen Webstoffe aus (meistens 100 %) Baumwolle.

CHAMBRAY

ist ein Baumwollstoff mit unterschiedlich farbigen Schuss- und Kettfäden, wodurch er Denim sehr ähnlich sieht. Er fühlt sich aber meistens deutlich weicher an und ist leichter. Ich finde, er ist vielfältiger einsetzbar und im Gegensatz zu Jeans auch für weitere Oberteile und Kleider gut geeignet.

DENIM / JEANS

ist ein Baumwoll-/Hanffaserstoff, der in Köperbindung gewebt wird. Die Kettfäden werden dabei mit Indigo gefärbt, die Schussfäden bleiben in ihrem Naturton. Die Fäden werden nur oberflächlich und nicht ganz durchgefärbt, weshalb man Denim gut aufhellen und den typischen Used-Look erzielen kann.

DOUBLE GAUZE UND TRIPLE GAUZE

wird oft mit Musselin gleichgesetzt, ist aber immer zweilagig oder dreilagig.

Die Stofflagen sind punktuell miteinander verknüpft, wodurch sich zwischen den Stoffen Luftkammern bilden und so die typische wellige Oberfläche ergeben.

INTERLOCK JERSEY

ist eine besonders strapazierfähige Jersey-Art. Dies liegt an der speziellen Doppelstricktechnik, bei der die Fasern reißfest und formbeständig zu einer geschlossenen Oberfläche verarbeitet werden. Sie ergibt zudem zwei rechte Seiten. Interlock rollt sich, im Gegensatz zu Singlejersey, nicht ein und wird am besten mit einer Jerseynadel vernäht – diese hat eine abgerundete Spitze, wodurch die feinen Maschen nicht beschädigt werden.

(SINGLE-)JERSEY AUS BAUMWOLLE

ist eine leichte, weiche und elastische Maschenware. Er wirkt ähnlich einem Gewebe mit leichter Rippenmusterung und die Dehnbarkeit unterscheidet sich stark, je nach Elasthananteil. Es gibt auch Jersey aus 100 % Baumwolle, dieser ist durch seine Herstellungsart (gestrickt und nicht gewebt) natürlich trotzdem dehnbar, kommt aber nicht so gut in seine Ursprungsform zurück. Beim Single-Jersey rollen sich die Schnittkanten ein, was Nähanfänger*innen oft vor eine Herausforderung stellt.

LEINEN UND HALBLEINEN

haben eine unregelmäßige Struktur und kleine Knötchen im Gewebe, ihre Oberfläche ist also nie ganz glatt. Leinen ist atmungsaktiv, kühlend und trotzdem blickdicht. Es ist formstabil und nicht dehnbar. Dadurch lässt es sich sehr leicht verarbeiten, knittert allerdings beim Tragen aufgrund der fehlenden Elastizität stark. Man kann sich aber über diese Eigenschaft mit dem Spruch „Leinen knittert edel" sehr gut hinwegtrösten!

MUSSELIN

ist ein lockeres Baumwollgewebe in Leinwandbindung. Beim Waschen läuft Musselin bis zu 30 % ein, erhält dabei aber seine typische Krinkel-Optik.

POPELINE

ist in den meisten Fällen Baumwollwebware in klassischer Leinwandbindung mit dichter feiner Kette gewebt. Die Schussfäden, das sind die quer verlaufenden Fäden, sind etwas dicker. So ergibt sich ein robusteres Gewebe als bei einfacher Baumwollwebware. Genähte Stücke aus Popeline haben also etwas mehr Stand.

SOMMERSWEAT / FRENCH TERRY

erkennt man an der frotteeartigen Rückseite mit den kleinen Schlaufen. French Terry besteht meistens aus Baumwolle mit Elasthananteil und ist saugstark und dehnbar.

STRICKSTOFFE

sind industriell an der Maschine hergestellte Maschenwaren. Durch verschiedene Herstellungsarten ergeben sich unterschiedliche Eigenschaften und Designs. Von weich fließendem Feinstrick bis hin zum groben Zopfmuster ist vieles möglich.

SWEAT

wird wie Jersey gestrickt, allerdings läuft bei der Herstellung von Sweat ein Futterfaden an der Rückseite mit, der für die Dicke des Stoffes sorgt. Sweat wird aus Baumwolle, Modal oder auch Polyester hergestellt, oft wird für die Dehnbarkeit noch ein Teil Elasthan beigemischt. Sweat mit angerauter Rückseite wird als Wintersweat oder Kuschelsweat verkauft.

VISKOSEJERSEY / MODALJERSEY

sind beide meist glatter und oft dünner als Baumwolljersey. Sie fallen weicher und ihre Oberfläche sieht etwas feiner aus.

UNSICHTBARE HELFER BEI DER STOFFVERARBEITUNG

BÜGELEINLAGE

Unter dem Handelsnamen Vlieseline findet man die bekannte Bügeleinlage. Sie ist in Schwarz oder Weiß erhältlich, wird trocken aufgebügelt und verleiht dem Schnittteil mehr Stabilität. Ganz korrekt wird sie so verwendet, dass das zu verstärkende Stück grob aus Oberstoff ausgeschnitten wird, dieser dann mit der Einlage bebügelt und danach ganz genau ausgeschnitten wird. Wer mich kennt und meine Bücher aufmerksam liest, wird schnell sehen, dass ich es selten so genau nehme. Meine Bügeleinlage wird auch mal aus Resten gestückelt, eine Knopfleiste nur zur Hälfte bebügelt, oder ich vergesse die Einlage direkt ganz. Bei Letzterem rate ich vom Nachahmen ab, beim Rest dafür nicht. Wer für sich selbst und nicht für den Verkauf oder die Schneiderinnung näht, darf ganz frei entscheiden, wie genau Vorgaben auszuführen sind.

Auch wenn ich es nicht immer mache, ihr dürft euch trotzdem gerne an die korrekte Vorgehensweise halten.

Ich tue mich schwer mit konkreten Empfehlungen zu Bügeleinlagen. Zu unterschiedlich sind die Vorlieben und zu unterschiedlich sind die Stoffe, die unter demselben Namen und derselben Qualität verkauft werden. Die eine mag einen festen Kragen, die andere stört sich nicht daran, wenn er ein bisschen hängt, und ich gehöre eher zu den ganz pragmatischen Näher*innen: Ich nutze oft einfach die Einlage, die ich da habe, und mit H180 und H200 komme ich meistens gut zurecht.

Wer sich nicht überraschen lassen will, macht einfach mit Stoffresten und Einlagen die Probe. Welche Einlage und welcher Stoff verhalten sich so, wie es für das entsprechende Projekt gewünscht ist? Bedenkt hierbei, dass ein großes Stoffteil immer deutlich weicher und anschmiegsamer ist als ein kleines Stückchen mit geringem Eigengewicht.

Beim Verstärken von Knopfleisten geht es mir in erster Linie darum, dass die Knöpfe nicht ausreißen und die Knopflöcher sauber genäht werden können. Ein Probeknopfloch ist Pflicht, wenn du dir nicht sicher bist, ob eine Knopfleiste wirklich verstärkt werden muss.

NAHTBAND

Vor allem schräg im Fadenlauf verlaufende Kanten oder schwere Strickstoffe können leicht ausleiern. Um dies zu verhindern, kann man Nahtband aufbügeln. Wer sich die Anschaffung sparen möchte, kann statt des Nahtbands auch dünne Streifen Vlieseline auf die linke Seite der Nahtzugabe bügeln. Oder man fasst einfach beim Nähen einen dünnen Streifen Baumwollwebware mit.

AUS DEM NÄHKÄSTCHEN GEPLAUDERT

Was darf in keinem Nähkästchen fehlen? Hier kommen ein paar Helferchen, ohne die ich meine Nähmaschine nicht mit auf die einsame Insel nehmen würde.

STOFF- UND FADENSCHEREN

Wer einmal eine wirklich gute Stoffschere benutzt hat, wird nie wieder eine andere Schere an seinen Stoff lassen! Mit der kleinen Fadenschere schneide ich überstehende Fäden direkt beim Nähen ab.

ROLLSCHNEIDER MIT ERSATZKLINGEN

Nichts schneidet schneller als der Rollschneider – vorausgesetzt er kommt mit einer frischen Klinge daher.

SCHNEIDELINEAL UND SCHNEIDEMATTE

Für Rollschneiderbesitzer*innen ein Muss: die Schneidematte. Z.B. Bündchen werden mit Lineal, Rollschneider und Schneidematte zugeschnitten.

NADELN UND KLAMMERN

Feine Stoffe stecke ich, grobe und solche, die keine Einstiche verzeihen, werden geklammert. Nadel ist nicht gleich Nadel, es gibt sie in den verschiedensten Stärken und mit diversen Köpfchen.

STOPF- UND SICHERHEITSNADEL

Mit der Stopfnadel ziehe ich die Overlock-Raupe in die Naht. Sicherheitsnadeln benutze ich zum Einziehen von Gummis. Oft fixiere ich den Gummi auch beim ersten Tragen mit einer Sicherheitsnadel, statt ihn gleich zu verknoten oder festzunähen. So kann ich noch nachjustieren, wenn nötig.

TRICKMARKER/SCHNEIDERKREIDE

Mit gut markierten Schnittteilen näht es sich doch gleich viel einfacher!

ETIKETTEN

Ich liebe Web-Etiketten für das gewisse Etwas an meinem Nähstück. Und auch kleine Fehler sind in der Vergangenheit schon mal gerne unter einem Etikett verschwunden.

HEBAMME/HÖHENAUSGLEICH

Den Höhenausgleich braucht man, um mehrere Schichten Stoff sauber zu nähen: Durch ihn kommt der Nähmaschinenfuß wieder parallel zur Stichplatte auf dem Stoff zum Liegen.

KANTENFORMER

Gönnt euch so ein schickes Teil, statt weiter eure Stricknadeln oder stumpfen Bleistifte zum Ausformen der Ecken zu nutzen!

ROLLMAß/MAßBAND

Wer Kleidung näht, sollte die Maße des/der Träger*in kennen. Zum einfachen Vermessen am besten mit einer Freundin oder einem Freund treffen und gegenseitig messen.

NAHTTRENNER

Manchmal rettet einfach nur „Rückwärtsnähen" das Nähstück. Mein Nahttrenner heißt „Berni the Ripper" und trennt seit Jahren schonend alle falschen Nähte.

GARN

Eine Investition, die sich immer lohnt, ist Markengarn. Wäre doch schade, wenn das Lieblingsteil brüchige Nähte bekommt, weil das Garn nicht gut ist, oder?

OLFA · Prym
Aqua-Trickmarker weiß/white/blanc
MORE AMORE
WINE NOT?
NEVEREVER.
BERNINA

NÄHMASCHINENFÜßCHEN

Ich verkneife mir hier die Vorstellung meiner umfangreichen Nähfüßchen-Sammlung und zeige nur die Füßchen, mit denen ich die Modelle in diesem Buch genäht habe. Da ich glückliche Besitzerin einer Overlockmaschine bin, fehlt im Bild der Overlockfuß. Diesen empfehle ich aber wärmstens, wenn nicht auf einer Overlock genäht werden kann.

Und auch in Band 4 meiner Skandi-Chic-Reihe gilt: Jedes Modell kann mit der Haushaltsnähmaschine und dem Standardfüßchen genäht werden. Das Nähen ist mit den hier gezeigten Hilfsmitteln nur deutlich komfortabler.

Das Zickzacknähfüßchen ist der Allrounder: Zickzack, Geradstich – es kann alles. Theoretisch kann man mit ihm alle Modelle des Buches nähen. **(Nr 1C)**

Es hat sich mittlerweile wahrscheinlich schon herumgesprochen: Das Schmalkantfüßchen liebe ich einfach! Es hat eine Führung, mit der man ganz einfach in der „Spur" bleibt beim Absteppen. Hätte ich dieses Füßchen am Anfang meiner Näh-Karriere gekannt, wäre mir einiges an krummen Nähten erspart geblieben. **(Nr 10 C)**

Fast schneller als man „Knopflochschlitten" sagen kann, näht dieser perfekte Knopflöcher. Das Knopflochnähfüßchen garantiert gleichmäßige Knopflöcher mit exakter Größe und die Löcher nähen sich damit wirklich wie von selbst. Und das schreibe ich, obwohl ich auch jahrelang größten Respekt vor Knopflöchern hatte! **(Nr 3A)**

Zum Reißverschlussfüßchen muss ich wahrscheinlich nichts sagen. Man kommt mit ihm schön dicht mit der Nadel an die Reißverschlussraupe heran und kann Reißverschlüsse leichter einnähen. Ich nähe Reißverschlüsse trotzdem nicht besonders gerne an, aber es hilft ja nichts. **(Nr 4)**

Mit dem Schmalsäumer gelingt ohne vorheriges Versäubern ein schmaler Saum – besonders an leichten Webwaren sieht das wirklich hübsch aus. Das Füßchen rollt den Stoff zwar nur wenige Millimeter, dafür aber so sauber ein, dass die offene Kante verschwindet. Wer sich nachträgliches Abschneiden und Stoff sparen möchte, überlegt vor dem Zuschnitt, wie gesäumt werden soll. Die gewöhnlichen 1,5 oder noch mehr Zentimeter Saumzugabe benötigt man mit dem Schmalsäumer nicht, hier ist die normale Nahtzugabe mehr als genug. **(Nr 62)**

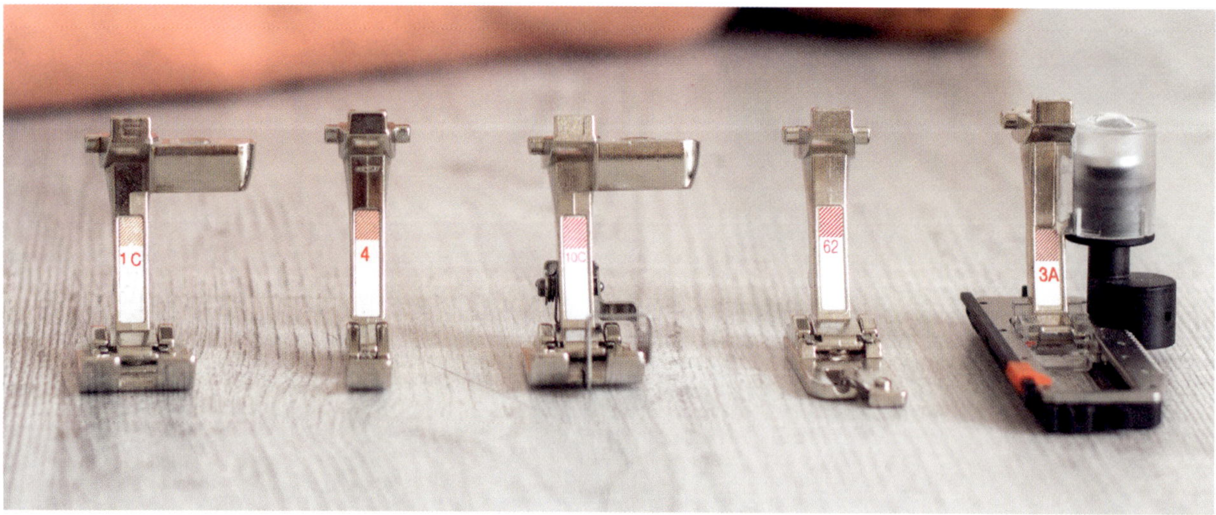

NÄH-BASICS

BÜNDCHEN ANNÄHEN

Mit dem Bündchen wird ein Hals-, Arm- oder Armabschluss geschaffen. Das Bündchen ist dabei kürzer als die Strecke am Nähstück und muss gedehnt werden. Dies geschieht so, dass die Mehrweite des Nähstücks behelfsmäßig gesteckt und dann gleichmäßig aufs gedehnte Bündchen verteilt wird.

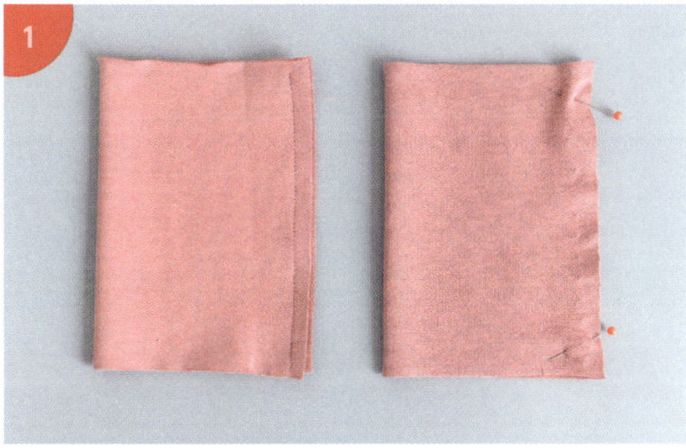

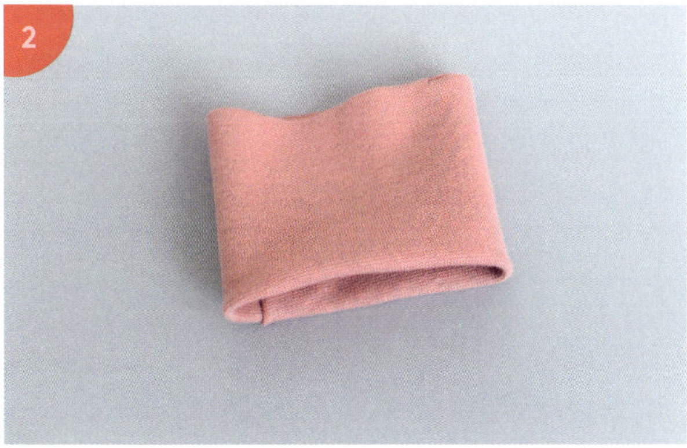

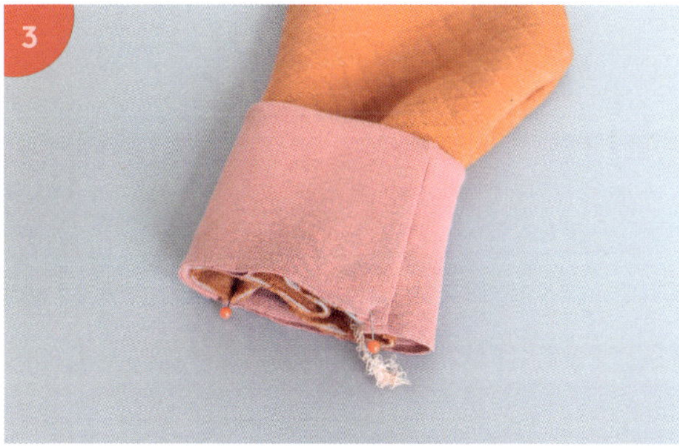

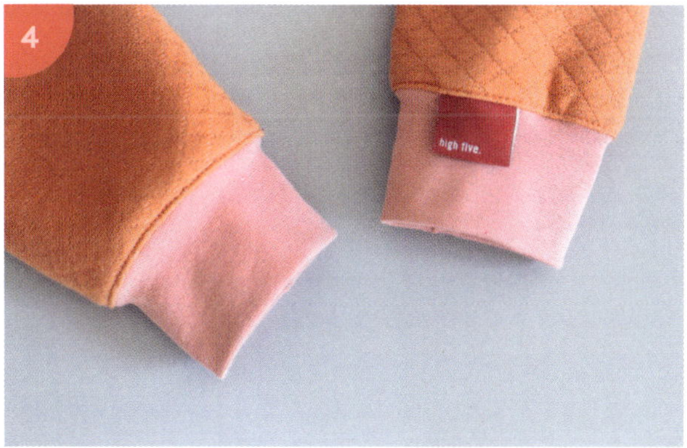

1. Als Erstes wird das Bündchen zum Ring geschlossen. Dazu wird es rechts auf rechts gelegt und an der kurzen Seite zusammengenäht.
2. Die Naht auseinanderstreichen oder bügeln. Nun in der Hälfte links auf links zusammenfalten. Oft ist dieser Umbruch sogar eingezeichnet.
3. Das Bündchen nun mit der offenen Seite nach vorne über den Ärmel schieben. Ärmelsaum und offene Seite des Bündchens liegen aufeinander. Beim Annähen darauf achten, dass die Naht des Bündchens und die Naht des Ärmels sich treffen.
4. Beim Nähen das Bündchen genau so weit dehnen, dass es der Länge der zuvor abgesteckten Stoffstrecke am Ärmel entspricht. Gedehnt wird nur das Bündchen, nicht der Ärmel. Nach dem Wenden gerne noch knappkantig absteppen. Wenn das Bündchen beim Anziehen stark gedehnt wird, empfehle ich entweder den 3-fach-Geradstich oder das leicht elastische Garn Seraflex von Mettler.

BELEG NÄHEN

Der „edelste" unter den Saumabschlüssen ist gar nicht so schwer zu nähen, wie man womöglich denkt. Ich liebe Belege, da sie schön ordentlich aussehen und das Nähstück dabei ohne Kragen und Bündchen ganz pur erscheinen lassen. Der Beleg ist, grob beschrieben, ein gekürztes Futter oder eine Dopplung des Nähstückes.

Mit dieser Erkenntnis lassen sich auch Teile mit einem Beleg versehen, die gar kein Schnittmuster für ein Belegteil besitzen!

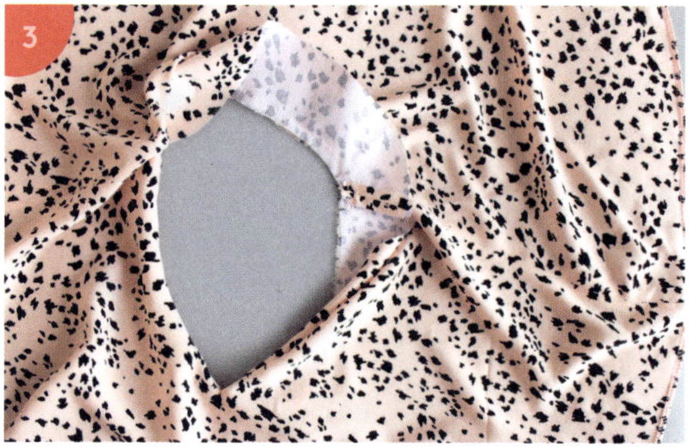

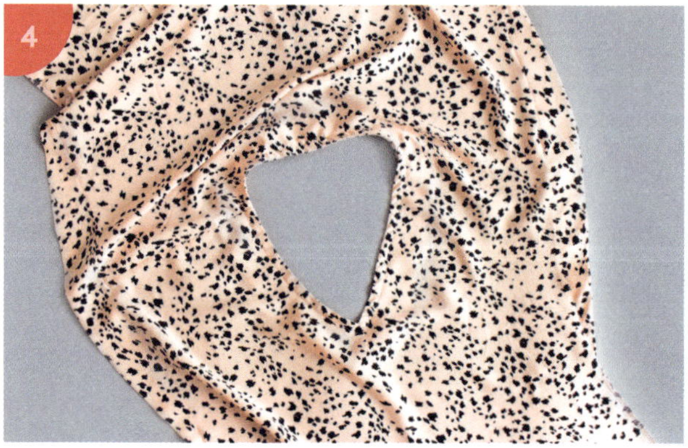

1. Die beiden Belegteile, Vorder- und Rückteilbeleg müssen genau wie das Vorder- und Rückteil rechts auf rechts an der Schulternaht zusammengenäht werden.

2. Die Nähte von Oberteil und Beleg werden auseinandergebügelt. Ich bügle ja bekanntlich nicht so gerne, hier zahlt es sich aber definitiv aus. Der Ausschnittbeleg wird rechts auf rechts an den Halsausschnitt gesteckt und festgenäht. Das funktioniert bei einem Rundhalsausschnitt genauso wie hier beim V-Ausschnitt.

3. Die Nahtzugabe wird in den Rundungen eingeschnitten, um den Beleg sauber auf die linke Seite des Oberteils klappen zu können. Beim V-Ausschnitt muss vor das V an der Spitze sauber eingeschnitten werden.

4. Zum Schluss muss der Beleg noch ein zweites Mal festgenäht werden, damit er auf der Innenseite des Nähstücks liegen bleibt. Ob dies ganz knappkantig, mit etwas Abstand oder gar mit mehreren Nähten passiert, ist Geschmackssache.

KNOPFLÖCHER

Wer eine Nähmaschine mit Knopflochautomatik hat, ist beim Thema Knopfloch fein raus: Theoretisch näht die Maschine das Knopfloch von selbst, lediglich die Position und Größe müssen festgelegt werden. Ein Blick in die Anleitung der Maschine schadet nicht und ein Probeknopfloch ist trotzdem Pflicht!

Je nach Maschine kann es sein, dass man als Erstes die Länge des Knopflochs ermitteln muss. Die Formel **Knopfdurchmesser + 2x Knopfdicke + 1mm Zugabe** hilft dabei.

Ein Knopfloch besteht aus zwei langen Zickzack-Raupen, die von zwei Riegeln begrenzen werden.

1. Stoff immer entsprechend mit Einlage verstärken – das ist vor allem bei dehnbaren und dünnen Stoffen unumgänglich.
2. Position des Knopfloches einzeichnen und mit der Knopflochautomatik der Nähmaschine nähen.
3. Mit einem Nahttrenner oder einer spitzen Schere vorsichtig auftrennen. Richtig cool sind diese kleinen Knopflochstecher/-stanzer, mit denen das fertige Knopfloch ganz sicher geöffnet werden kann, ohne Raupe und Riegel zu beschädigen.

KRÄUSELN

Beim Kräuseln oder Krausen wird Stoffbreite auf eine bestimmte Länge gebracht. Ich muss zugeben: So sehr ich mittlerweile Rüschen und Volants an meiner Kleidung mag, so wenig gerne kräusele ich. Leider hat sich das auch beim 4. Buch nicht geändert!

Kräuseln mit der Haushaltsnähmaschine geht auf zwei Arten:

KRÄUSELN MIT DEM GERADSTICH

Innerhalb der Nahtzugabe werden zwei parallele Linien mit maximal langem Stich gesteppt. Anfang und Ende werden nicht verriegelt, der Faden wird nicht abgeschnitten und bleibt lang genug, um daran ziehen zu können. Meist sieht man beim Steppen, wie sich der Stoff wegen des langen Stichs schon leicht kräuselt. Der Stoff wird auf die gewünschte Länge gebracht, indem man an den beiden Unterfäden zieht, bis die gewünschte Länge erreicht ist. Der gekräuselte Stoff wird am entsprechenden Gegenstück festgenäht und danach die Hilfsfäden entfernt. Ich nähe übrigens oft nur eine statt der „vorgegebenen" zwei Steppnähte und kann keinen Nachteil finden.

KRÄUSELN MIT FRAMILONBAND

Das Framilonband ist ein Gummiband, welches auf die Länge der späteren Kräuselnaht geschnitten wird. Wie beim Annähen eines Bündchens werden sowohl Band als auch Nähstück in gleichmäßige Abschnitte verteilt und aneinandergesteckt. Wenn das Band zwischen den Abschnitten gedehnt angenäht wird, hat das gekräuselte Nähstück später die gewünschte Länge. Ich finde Framilonband vor allem bei kurzen Strecken praktisch. Wenn es an das Kräuseln von mehr als einem halben Meter geht, tut es mir fast ein bisschen um das viele Band leid. Außerdem ist es auch von der Stärke der Kräuselung abhängig, wie einfach sich das Band aufnähen lässt. Bei einer extremen Kräuselung würde ich zur Methode mit dem Unterfaden raten.

KÜRZEN UND LÄNGEN

Die meisten Schnitte sind für eine Körpergröße von 1,68 Metern gradiert. Wer größer oder kleiner ist, kann jetzt traurig gucken, oder macht sich stattdessen einfach selbst an die Längenanpassung. So schlimm ist das gar nicht, denn wir nähen ja schließlich, um ein perfekt passendes Kleidungsstück zu bekommen. Denkt nur an all die armen kleinen und großen Frauen, die keine Nähmaschine haben!

Ein Beispiel: Ich bin 1,80 m groß und muss daher meine Kleidung verlängern. Mein Projekt startet meist damit, dass ich mehr Stoff kaufe als in der Anleitung beschrieben. Sicher ist sicher und ich weiß nicht, wie knapp der Verbrauch berechnet ist und ob 5 cm mehr zum Problem beim Platzieren der Teile auf dem Stoff werden.

Nähe ich eine Hose, die für 1,68 m ausgelegt ist, muss ich für meine 1,80 m noch 12 cm zugeben, oder? Nein. Die „Mehrlänge" verteilt sich nämlich auf den gesamten Körper und 5 cm verlängern reicht bei einer Hose aus. Um die eigenen Maße kennenzulernen, ist es hilfreich, sich zu vermessen. Am besten geht das mit einem/einer Freund*in. Ob man dann im Laufe der Zeit etwas zulegt oder abnimmt, ist nicht so relevant, denn an den Proportionen ändert das meist nicht so viel.

Viele Schnittmuster haben quer verlaufende Linien, die oft nicht weiter beschriftet sind. Das sind die Linien, an denen der Schnitt geteilt wird, um ihn zu verlängern oder zu kürzen. Bei einer Hose findet man meistens zwei Linien, eine im Bereich der Oberschenkel, eine unterhalb der Knie. Um perfekt zu verlängern, wird die Mehrlänge gleichmäßig auf das Bein verteilt.

Last, but not least: Man verkleinert ein Schnittmuster nicht über das Weglassen der Nahtzugabe. Warum? Die verschiedenen Größen sind z.B. am Halsausschnitt oft nur wenige Millimeter voneinander entfernt. Wer am ganzen Schnitt 1 cm Nahtzugabe weglässt, hat an den Seitennähten eine Größe eingespart, am Halsausschnitt aber gleich mehrere.

Das individuellere Anpassen ist auch der Grund dafür, warum in den Schnitten **keine Nahtzugabe** enthalten ist. Die Nahtzugabe ist bei mir immer nähfüßchenbreit, also ungefähr 0,7 cm an der Overlock und 1 cm an der Nähmaschine. Welche Größe in der Anleitung du erst einmal wählen solltest, findest du heraus, indem du deine ermittelten Maße mit denen unten in der Tabelle abgleichst.

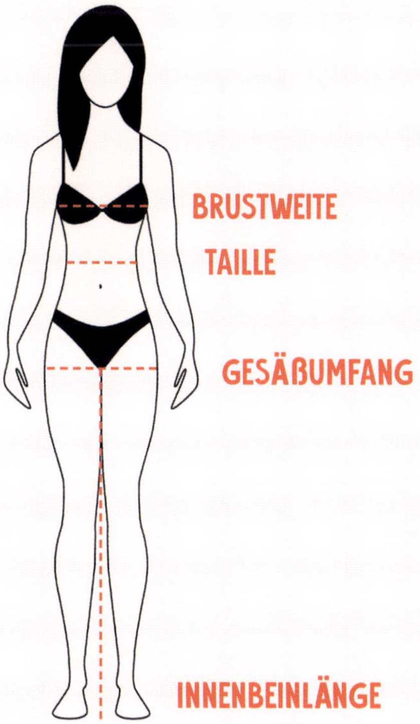

KÖRPERMAßE	34	36	38	40	42	44
BRUSTUMFANG	82	85	88	92	96	100
TAILLENUMFANG	66	69	72	76	80	84
GESÄßUMFANG	91	94	97	101	105	109
INNENBEINLÄNGE	78	78	78	78	78	78

PROJEKTE

BLOUSON MARTE

SCHWIERIGKEITSGRAD:

Mit etwas Muße wirst du mit Wunderbarem belohnt!

Kuscheliger Blouson mit Beleg und Nahttaschen

Blouson Marte ist der Begleiter für die etwas kühleren Tage und das perfekte Darüber für dein Lieblingsshirt.

STOFFAUSWAHL:

Sweat, (dehnbarer) Steppstoff

Stoffverbrauch:

170 cm Oberstoff bei 140 cm Stoffbreite
60 cm Bündchen bei 70 cm Stoffbreite

DAS BRAUCHST DU:

- 1x Vorderteil, an der Vorderen Mitte durchgeschnitten
- 1x Rückteil
- 2x Ärmel gegengleich
- 2x Armbündchen
- 1x Halsbündchen
- 2x Saumbündchen Vorderteil
- 1x Saumbündchen Rückteil im Bruch
- 1x Rückteilbeleg im Bruch
- 2x Vorderer Beleg gegengleich
- 4x Taschenbeutel (je 2x gegengleich)
- 1x Reißverschluss (teilbar, 60 cm)

Alle Schnittteile findest du auf Schnittmusterbogen 1.

ZUSCHNITT:

Gib eine Nahtzugabe von 0,7 cm zum Schnitt hinzu.

TIPP:

Ich habe den Beleg und die Taschenbeutel aus Webware zugeschnitten. Das funktioniert, allerdings empfehle ich eine Webware, die etwas dehnbar ist. Bei sehr dickem Sweat würde ich die Taschenbeutel auf jeden Fall aus dünnerem Jersey nähen, da sie sonst stark auftragen.

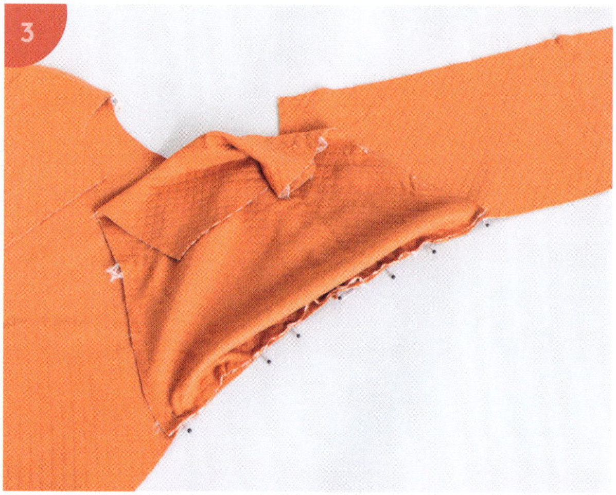

1. Sweat oder Jersey muss nicht versäubert werden. Die Belegteile werden einfach mit passender Einlage bebügelt.

2. Wir starten mit dem Schließen diverser Schulternähte. Dazu nähen wir das Rückteil und die beiden Vorderteile rechts auf rechts aneinander und den Rückteilbeleg und die Vorderteilbelege ebenso. Das zusammengenähte Belegteil legen wir noch mal zur Seite, das benötigen wir erst bei Schritt 13 wieder. Weiter geht's mit dem Außenteil.

3. Die beiden Ärmel werden rechts auf rechts eingenäht. Beachte dabei die Markierungen!

4. Jetzt sind die Taschen dran. Die Taschenbeutel kommen jeweils rechts auf rechts an die beiden Vorderteile und auf beide Seiten des Rückteils zwischen die Markierungen – du hast also auf vier Schnittteilen je einen Taschenbeutel. Nähe die Taschenbeutel entlang der vorderen Kante an die jeweiligen Teile, starte und beende die Naht jeweils 1 cm von der Kante entfernt. Im Bild nähe ich ungefähr die Strecke zwischen den Stecknadeln.

5

7

6

8

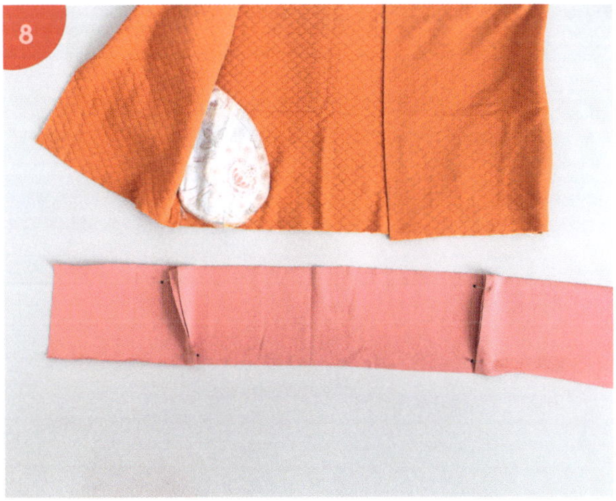

5. Wenn jedes Teil mit einem Taschenbeutel versehen ist, werden die Teile wieder rechts auf rechts gelegt, um die Seitennähte zu schließen. Die Taschenbeutel sind dabei außerhalb des Nähstücks auf der linken Stoffseite.

6. Ich nähe die Seitennaht mit der Overlock, nähe aber zuvor den Bereich um die Taschenbeutel mit der Nähmaschine. So kann ich genau bis zum Taschenbeutel nähen und diesen dann auch gleich ringsherum entlang der Rundung verschließen. Danach nähe ich einfach mit der Overlock die restliche Seitennaht.

7. Kleine Bestandsaufnahme: Sieht schon gut aus, die Jacke braucht allerdings noch einen Reißverschluss. Und um diesen annähen zu können, benötigen wir das Bündchen.

8. Die beiden vorderen Bündchen werden rechts auf rechts an das hintere Bündchen genäht. Wir schließen hier also auch die Seitennaht wie zuvor bei der Jacke. Einmal im Umbruch zu bügeln schadet hier nicht, denn an diese Kante wird später der Reißverschluss angelegt.

9. Wenn das Bügeleisen gerade schon an ist, kann auch das Halsbündchen noch links auf links im Umbruch gebügelt werden. Das Halsbündchen wird jetzt rechts auf rechts an den Ausschnitt gesteckt. Hierbei wird es gleichmäßig gedehnt. Ich steppe es jetzt schon innerhalb der Nahtzugabe fest. Später wird es mit dem Beleg gemeinsam noch mal angenäht.

10. So sieht der Halsausschnitt jetzt aus.

11. Zurück zum Saumbündchen. Das wird nun so rechts auf rechts an die Jacke gesteckt, dass ungefähr 5 cm am Anfang und am Ende der Strecke genäht werden. Also nur links und rechts vom späteren Reißverschluss. Diese beiden kurzen Strecken nähe ich mit der Nähmaschine, nicht mit der Overlock.

12. Die Jacke wird mit der rechten Seite nach oben ausgelegt. Der Reißverschluss kommt mit der rechten Seite nach unten darauf und wird an der linken Kante festgesteckt. Unten endet er im Umbruch des Bündchens.

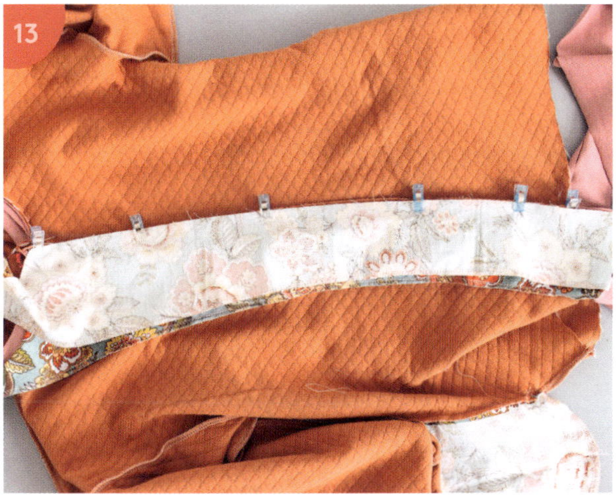

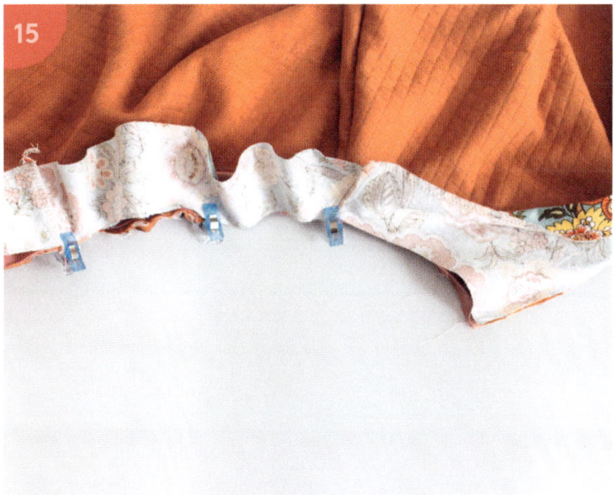

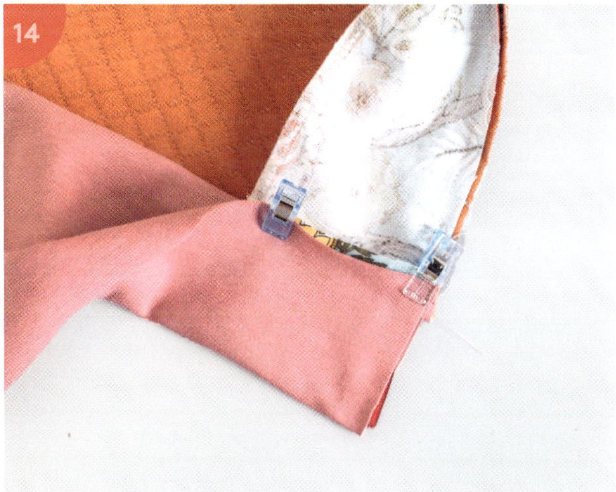

13. Der Beleg wird rechts auf rechts auf die Jacke gesteckt. Der zuvor gesteckte Reißverschluss zeigt also mit der linken Seite zum Beleg und wird von Beleg und Jacke eingerahmt.

14. Mein Beleg ist unten ein Stückchen zu lang, ich schneide ihn so ab, dass er mit 1 cm Nahtzugabe am Bündchen festgenäht werden kann. Dazu klappe ich das Bündchen rechts auf rechts über den Reißverschluss, wie im Bild zu sehen.

15. Nun wird der Beleg festgenäht. Ich nähe zuerst die eben gesteckte Seite und den Halsausschnitt, dann die zweite Seite. Je nach Stoff muss hierfür der Reißverschluss geöffnet werden.

16. Nun wird das Bündchen festgenäht. Am besten die Seitennähte von Bündchen und Jacke aufeinanderstecken und die restliche Strecke dann gleichmäßig verteilen. Ist das Saumbündchen befestigt, fehlen noch die Ärmelbündchen. Sie werden rechts auf rechts zum Ring geschlossen, im Umbruch gefaltet und gleichmäßig an die Ärmel gesteckt – eine genaue Anleitung findest du auch noch mal auf Seite 15. Zum Schluss alle Nähte noch mal knappkantig absteppen.

VARIATION: PULLOVER MARE

SCHWIERIGKEITSGRAD:

⊗ ⊗ Nimm dir ein bisschen Zeit und dazu einen guten Tee!

Pullover mit optionaler Teilung
Farbenfrohe Sweatreste rufen nach einem Colourblocking-Pulli! Aber auch einfarbig ist die Teilung von Mare ein toller Hingucker.

STOFFAUSWAHL:

Sweat

Stoffverbrauch:
140 cm Oberstoff bei 140 cm Stoffbreite
60 cm Bündchen bei 70 cm Stoffbreite

DAS BRAUCHST DU:

- 1x Oberes Vorderteil
- 1x Seitenteil vorne
- 1x Unterteil vorne
- 1x Oberes Rückteil
- 1x Seitenteil hinten
- 1x Unterteil hinten
- 2x Ärmel oben gegengleich
- 2x Ärmel unten gegengleich
- 2x Armbündchen
- 1x Saumbündchen Rückteil im Bruch
- 1x Saumbündchen Vorderteil im Bruch
- 1x Halsbündchen

Alle Schnittteile findest du auf Schnittmusterbogen 1.

ZUSCHNITT:

Gib eine Nahtzugabe von 1 cm zum Schnitt hinzu. Beschrifte alle Schnittteile genau – vor allem, wenn du einfarbig nähst.

TIPP:

Natürlich kannst du Mare auch ganz ohne Teilungen nähen! Wenn ich Schnitte vom Schnittmusterbogen durchpause, beschrifte ich sie sorgfältig mit allen Infos. Bei einem Ärmel weiß man den Fadenlauf im Normalfall, bei einem Dreieck wird's hingegen schwieriger …

Teile, die aneinandergesetzt werden können, markiere ich mit geschwungenen Linien – so passen sie später wieder zusammen, wenn ich doch mal ohne Teilung nähen möchte.

1. Da ich mich farblich aktuell noch nicht entscheiden kann, hebe ich mir den Zuschnitt der Bündchen für später auf – es sind auch so schon genügend Schnittteile.

2. Wir beginnen das Puzzle mit dem Ärmel: Stecke das obere Teil rechts auf rechts an eine Seite des unteren Ärmels. Markiere den Punkt, an dem sich die Nahtlinien der beiden Schenkel des Dreiecks kreuzen würden. Stoppe beim Nähen genau an diesem Punkt.

3. Nach dem Nähen der ersten Seite schneide ich die Nahtzugabe im Eck bis zum Punkt ein ...

4. ... so kann ich die zweite Seite sauber stecken und nähen und die Ecke, in der sich die beiden unterschiedlichen Stoff treffen, wird schön spitz.

5. So sieht der Ärmel jetzt aus. Nähe den zweiten ebenso. Auch wenn es vielleicht nicht so aussieht: Ich habe alle Nähte sauber gebügelt. Das ist auch im Folgenden nach jeder Naht sinnvoll.

6. Vorder- und Rückteil werden gleich zusammengefügt. Ich beginne mit dem Unterteil, auf das ich rechts auf rechts das Seitenteil lege und es entlang der Stecknadeln im Bild festnähe.

7. Das obere Teil wird nun genauso genäht wie das obere Teil des Ärmels. Und weil's so schön war, nähen wir auch gleich das noch fehlende Vorder- oder Rückteil. Wer möchte, steppt alle Nähte noch knappkantig ab.

8. Nachdem alle Teile fertig zusammengefügt sind, habe ich mich auch für eine Bündchenfarbe entscheiden können.

9. Vorder- und Rückteil werden rechts auf rechts an einer (!) Schulter geschlossen.

10. Das Halsbündchen stecke ich an die ersten paar Zentimeter des Ausschnitts und nähe es dann unter gleichmäßiger Dehnung an. Diese Vorgehensweise ist vor allem dann praktisch, wenn man sich bei der Dehnbarkeit des Stoffes nicht sicher ist und großzügig zugeschnitten hat. Ein zu langes Bündchen kann später einfach abgeschnitten werden.

11. Wenn das Bündchen eingenäht ist, schließe ich die zweite Schulter wie die erste.

12. Damit die Naht schön flach liegt, steppe ich mit zwei, drei Stichen knappkantig ab.

13. Jetzt die Ärmel rechts auf rechts unter Berücksichtigung der Markierungen einnähen.

14. Nun kannst du die Seitennähte rechts auf rechts in einem Rutsch vom Saum bis zur Öffnung der Ärmel schließen.

15. Die Ärmelbündchen und die Saumbündchen werden rechts auf rechts zum Ring geschlossen und angenäht wie auf Seite 15 beschrieben.

16. Fertig ist der Colourblocking-Pulli!

CARDIGAN SOLVEIG

SCHWIERIGKEITSGRAD:

Nimm dir ein bisschen Zeit und dazu einen guten Tee!

Langer Cardigan mit optionaler Knopfleiste

Solveig ist der optimale Kombipartner für alle Shirts und Tops und ist dabei gar nicht schwer zu nähen.

STOFFAUSWAHL:

Alle Arten von Strick oder Sweat

Stoffverbrauch:
180 cm bei 140 cm Stoffbreite

DAS BRAUCHST DU:

- 2 x Vorderteil gegengleich
- 1 x Rückteil im Bruch
- 2 x Ärmel gegengleich
- 2 x Knopfleiste gegengleich
- 2 x Ärmelbündchen
- Optional: Nahtband, wenn sehr dehnbare oder schwere Strickstoffe vernäht werden
- Vlieseline für die Knopfleiste
- 6 Knöpfe

Alle Schnittteile findest du auf Schnittmusterbogen 2.

ZUSCHNITT:

Gib eine Nahtzugabe von 0,7 cm zum Schnitt hinzu. Der Saum ist schon im Schnitt enthalten.

TIPP:

Die Knopfleiste kann auch im Bruch zugeschnitten werden, wenn die Stoffbreite ausreichend ist. In diesem Fall benötigt man natürlich keine Nahtzugabe im Bruch, wohl aber an den drei anderen Seiten.

TIPP:

Wer Knopfloch-Angst hat, kann die Knöpfe einfach weglassen oder auf diverse Alternativen wie Druckknöpfe und Co. zurückgreifen.

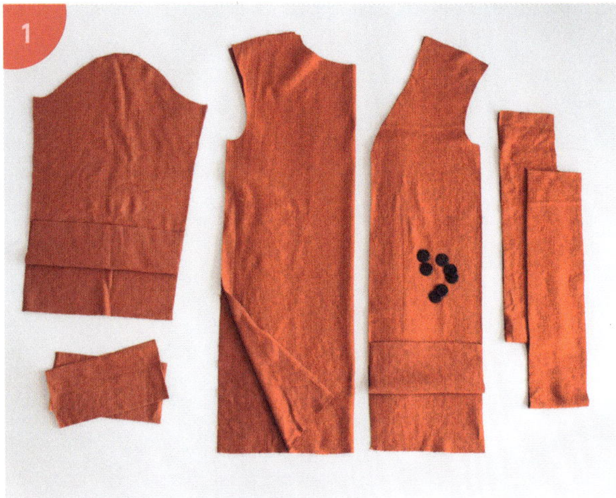

1. Mein Feinstrick muss nicht versäubert werden. Ich bin auch mutig, was die Verstärkung der Knopfleiste angeht.
2. Stecke die Vorderteile und das Rückteil rechts auf rechts und schließe beide Schulternähte. Ich habe meinen Stoff an dieser Stelle noch verstärkt, damit die Naht nicht aushängt. Auf Seite 11 ist das genauer beschrieben.
3. Stecke die beiden Ärmel unter Berücksichtigung der Markierungen rechts auf rechts an die Armlöcher und nähe sie fest.
4. Lege die Weste rechts auf rechts und schließe die Seitennähte vom Saum bis zum Ende der Ärmel.

5. Schließe die Bündchen zum Ring und nähe sie an die Ärmel. Eine detailliertere Anleitung dazu gibt's auf Seite 15.

6. Nähe die beiden Knopfleisten rechts auf rechts an der kurzen Seite zusammen.

7. Klappe die Knopfleiste zur Hälfte rechts auf rechts zusammen und nähe die beiden kurzen Seiten zu. Stülpe sie dann auf rechts, sodass beide rechten Seiten außen liegen. Im Bild sieht man eine Seite schon gewendet, eine gerade erst genäht. Jetzt ist die letzte Chance, um noch eine Verstärkung auf die Knopfleiste zu bügeln!

8. Versäubere den Saum und stecke die Knopfleiste rechts auf rechts an die Jacke. Beachte dabei die Markierungen für die Schulternähte und den Umschlag am Saum.

9. Wenn die Knopfleiste gesteckt ist, wird der Saum rechts auf rechts nach vorne/oben geklappt und mit der Knopfleiste zusammen angenäht.

10. Wer mag, steppt die Knopfleiste noch mal knappkantig ab, und wer eine knopflose Jacke möchte, ist nun auch schon fertig. Also fast, denn der Saum muss noch fixiert werden. Entweder mit unsichtbaren Stichen von Hand oder Saumfix zum Aufbügeln.

11. Jetzt nehmen wir all unseren Mut zusammen: Knopflöcher müssen in den Strick! Übertrage die Markierungen oder kontrolliere sie, wenn du sie schon zuvor übertragen hast. Ein Blick in meine Knopfsammlung sagt mir, dass ich wirklich gut ausgestattet bin. Verrückt, wie man mit unterschiedlichen Knöpfen den Look der Jacke noch ändern kann, oder? Übrigens: Egal, wie routiniert man ist, ein Probeknopfloch ist immer Pflicht!

12. Fertig ist der kuschelige Cardigan!

VARIATION: KURZ-CARDIGAN SINJE

SCHWIERIGKEITSGRAD:

⊗ ⊗ Nimm dir ein bisschen Zeit und dazu einen guten Tee!

Kurzer Cardigan mit Bischofsärmeln

Sinje trägt man genauso gut zu edlen Kleidern wie zu lässigen Jeans – das vernähte Material entscheidet über den Look.

STOFFAUSWAHL:

Alle Arten von Strick oder Sweat

Stoffverbrauch:
160 cm bei 140 cm Stoffbreite

DAS BRAUCHST DU:

- 2 x Vorderteil gegengleich
- 1 x Rückteil im Bruch
- 2 x Ärmel gegengleich
- 2 x Knopfleiste gegengleich
- 2 x Ärmelbündchen
- Optional: Nahtband, wenn du sehr dehnbaren oder schweren Strick vernähst
- Leichte, dehnbare Einlage für die Knopfleiste
- 4 Knöpfe

Alle Schnittteile findest du auf Schnittmusterbogen 2.

ZUSCHNITT:

Gib eine Nahtzugabe von 0,7 cm zum Schnitt hinzu. Der Saum ist schon im Schnitt enthalten.

TIPP:

Sinje kann problemlos verlängert oder gekürzt werden. Vergiss dabei jedoch die Knopfleiste nicht, sie muss natürlich ebenfalls angepasst werden.

1. Mein Sommersweat muss nicht versäubert werden, dafür bebügle ich die Knopfleiste zur Hälfte mit leichter, dehnbarer Einlage. Die Knopfleiste habe ich nicht in zwei Teilen, sondern im Bruch zugeschnitten. Wer zwei Hälften hat, muss diese später, wie bei Solveig (Seite 37, Schritt 6) beschrieben, zusammennähen.

2. Stecke die Vorderteile und das Rückteil rechts auf rechts und schließe beide Schulternähte.

3. Stecke die beiden Ärmel unter Berücksichtigung der Markierungen rechts auf rechts an die Armlöcher und nähe sie fest.

4. Lege die Jacke rechts auf rechts und schließe die Seitennähte vom Saum bis zur Ärmelöffnung.

5. Schließe die Bündchen zum Ring. Kräusle die Ärmel zum Beispiel mit Framillonband auf die Weite der Bündchen und nähe sie an die Ärmel. Eine detailliertere Anleitung zum Kräuseln gibt's auch noch mal auf Seite 18.

6. So sieht das vor dem Annähen aus. Das Annähen von Bündchen ist auf Seite 15 in den Grundlagen noch genauer erklärt.

7. Klappe die Knopfleiste zur Hälfte rechts auf rechts zusammen und nähe die beiden kurzen Seiten zu. Stülpe sie dann auf rechts, sodass beide rechten Seiten außen liegen. Im Bild sieht man eine Seite schon gewendet, die zweite genäht, aber noch nicht gewendet.

8. Versäubere den Saum und stecke die Knopfleiste rechts auf rechts an die Jacke. Beachte dabei die Markierungen für die Schulternähte und den Umschlag am Saum.

9. Wenn die Knopfleiste gesteckt ist, wird der Saum rechts auf rechts nach vorne/oben geklappt und mit der Knopfleiste zusammen angenäht.

10. Ich habe den Saum mit Saumfix umgebügelt und die untere Kante noch abgesteppt. Ein kleiner Versuch, von der nicht perfekt bündig sitzenden Knopfleiste abzulenken …

11. Knopflöcher braucht die Jacke auch noch. Bei der kurzen Sinje sind es nur vier Stück, das müssen wir gar nicht lange aufschieben! Übertrage die Markierungen oder kontrolliere sie, wenn du sie schon zuvor vom Schnittteil übertragen hast. Ein Probeknopfloch muss sein, danach geht's aber sofort los. Eine genauere Anleitung zum Annähen der Knopflöcher findest du auch auf Seite 17.

12. Fertig ist der kurze Cardigan!

LONGSLEEVE PAOLA

SCHWIERIGKEITSGRAD:

- Schaffst du locker!

Schmales Langarmshirt mit hohem Kragen und leichten Puffärmeln
Paola bringt Abwechslung in die kühle Jahreszeit – und mit kuscheligem Rollkragen und langen Ärmeln auch noch Wärme.

STOFFAUSWAHL:

Alle Arten von Strick, Sweat oder auch Jersey

Stoffverbrauch:
170 cm bei 140 cm Stoffbreite

DAS BRAUCHST DU:

- 1x Vorderteil im Bruch
- 1x Rückteil im Bruch
- 2x Ärmel gegengleich
- 1x Kragen

Alle Schnittteile findest du auf Schnittmusterbogen 2 (Vorderteil, Rückteil, Kragen) sowie Schnittmusterbogen 3 (Ärmel).

ZUSCHNITT:

Gib eine Nahtzugabe von 0,7 cm und eine Saumzugabe von 1,5 cm zum Schnitt hinzu.

TIPP:

Natürlich können Polly (Seite 51) und Paola auch gemischt werden. Heraus kommt ein Kurzarm-Pullover mit Kuschelkragen oder ein Langarm-Oberteil mit V-Ausschnitt. Denk nur bei der Stoffauswahl an den Verwendungszweck: Ein kurzärmeliger Sommerpulli aus dickem Strick wird wahrscheinlich nie getragen werden.

TIPP:

Paolas Kragen kann auch doppelt so hoch zugeschnitten werden – so kann er wie ein klassischer Rollkragen umgeklappt werden.

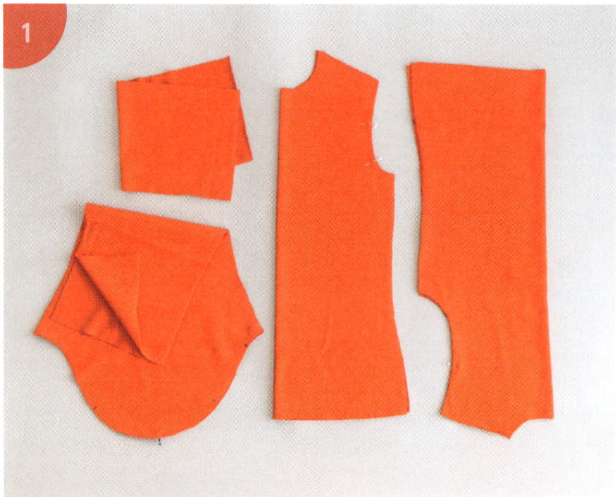

1. Mein Stoff ist ein Traum – er ist super formbeständig und unkompliziert, daher verzichte ich auf Versäuberung und Nahtband. Wer mit ganz grobem Strick arbeitet, sollte die Kanten aber unbedingt versäubern, da sie sich sonst schnell aufribbeln.
2. Stecke Vorderteil und Rückteil rechts auf rechts und schließe die Schulternähte.
3. Der Kragen wird ebenfalls zum Ring geschlossen …
4. … und einmal im Umbruch gefaltet. Jetzt geht's ans Einnähen. Der Kragen ist nichts anderes als ein Bündchen, welches beim Nähen nicht gedehnt werden muss – wer dafür eine kleine Auffrischung braucht, findet auf Seite 15 eine Anleitung.

5. Der Pulli liegt auf rechts vor uns und der Kragen wird auf rechts in den Ausschnitt gesteckt und festgenäht. Die Naht des Kragens ist dabei natürlich am Rückteil.

6. Wir kümmern uns nun um den Ärmel, der sollte rechts auf rechts ins Armloch. Er hat zwischen den beiden Markierungen eine Mehrweite, die gleichmäßig verteilt werden muss. Dazu habe ich mit langem Geradstich (5 mm) abgesteppt, dann gesteckt und anschließend die Mehrweite auf die Weite des Armlochs gebracht.

7. So sieht das von vorne aus. Hübsch! Jetzt wird er aber wieder auf links gedreht, denn wir schließen die Seitennähte in einem Rutsch vom Saum bis zur Öffnung der Ärmel.

8. Versäubere jetzt noch den Saum und die Ärmel, und schon ist Paola fertig!

VARIATION: JERSEYSHIRT POLLY

SCHWIERIGKEITSGRAD:

⊗ ⊗ Nimm dir ein bisschen Zeit und dazu einen guten Tee!

Shirt mit kurzem Arm und V-Ausschnitt

Polly hat leichte Puffärmelchen, einen schmeichelnden, aber nicht zu tiefen Ausschnitt und eine figurbetonte Passform.

STOFFAUSWAHL:

Alle Arten von Strick, Sweat oder auch Jersey

Stoffverbrauch:
130 cm bei 140 cm Stoffbreite

DAS BRAUCHST DU:

- 1x Vorderteil im Bruch
- 1x Rückteil im Bruch
- 2x Ärmel gegengleich
- 2x Ärmelbündchen
- 1x Halsbündchen

Alle Schnittteile findest du auf Schnittmusterbogen 2 (Vorderteil, Rückteil, Ärmelbündchen, Halsbündchen) sowie Schnittmusterbogen 3 (Ärmel).

ZUSCHNITT:

Gib eine Nahtzugabe von 0,7 cm und eine Saumzugabe von 1,5 cm zum Schnitt hinzu.

TIPP:

Mit meinem Ajour-Stoff bekommt Polly eine eher verspielte, niedliche Note. Ganz schlicht aus einfarbigem Jersey für den Hochsommer oder Sweat für die Übergangszeit ist sie aber auch ein tolles Kombi-Teil im Schrank.

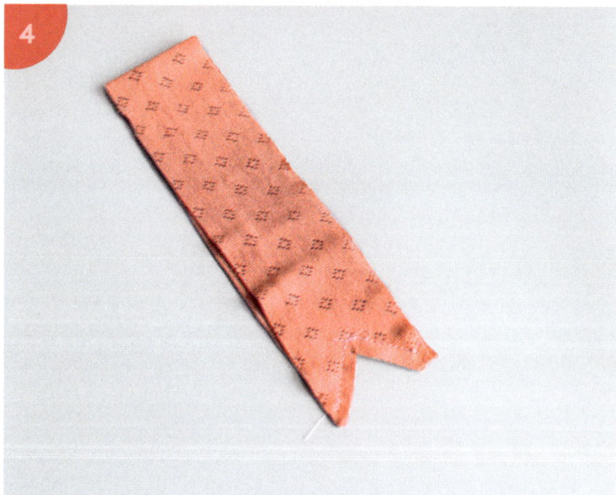

1. Ich habe meinen Ajour-Strick nicht versäubert. Für eine zweite Polly aus diesem Material würde ich aber die Kante des V-Ausschnitts mit dünner Einlage verstärken, damit sie sich nicht übermäßig dehnt. Der Stoff ist sehr dehnbar und ich hatte etwas Mühe.
2. Stecke Vorderteil und Rückteil rechts auf rechts und schließe beide Schulternähte.
3. Das Halsbündchen habe ich zum Ring geschlossen, dabei allerdings noch ein Dreieck an der schmalen Seite des Rings abgenäht. Auf Bild Nummer 4 siehst du noch einmal genauer, wie das nachher aussehen kann.
4. Der Stoff in der Mitte des Dreiecks wird zurückgeschnitten und das Bündchen in der Mitte gefaltet.

5. So sieht das jetzt aus.

6. Jetzt das Bündchen an den Ausschnitt stecken und in mehreren Etappen mit der Nähmaschine feststeppen. Zuerst vorne das V, dann den Rest. Eine kleine Hilfe zum Einnähen von (Hals-)Bündchen findest du auch noch mal im Grundlagenteil auf Seite 15.

7. Das sieht erst mal noch ein bisschen chaotisch aus, aber keine Sorge!

8. Mit der Overlock versäubert und von der anderen Seite sieht es doch gleich viel besser aus! Mit der Haushaltsnähmaschine kannst du hier einfach einen Zickzackstich verwenden.

9. Der Ärmel hat zwischen den beiden Markierungen eine Mehrweite, die gleichmäßig verteilt werden muss. Ich habe dazu mit einem langem Geradstich (5 mm) abgesteppt, dann gesteckt und anschließend die Mehrweite auf die Weite des Armlochs gebracht.

10. Wenn die Ärmel am Oberteil sind, wird es rechts auf rechts gelegt, um die Seitennähte in einem Rutsch vom Saum bis zur Öffnung der kurzen Ärmel zu schließen.

11. Das Bündchen für den Ärmel wird zum Ring geschlossen und angenäht. Wenn der gewählte Stoff nicht dehnbar genug ist, muss der Ärmel wie zuvor in der Armkugel wieder auf die entsprechende Breite gekräuselt werden.

12. Jetzt noch schnell säumen und schon ist das sommerliche Shirt bereit für den ersten Einsatz.

SEW BEAUTIFUL

RÜSCHENKLEID ELSA

SCHWIERIGKEITSGRAD:

Nimm dir ein bisschen Zeit und dazu einen guten Tee!

Kleid mit Flügelärmeln und Saumrüsche

Elsa ist das Sommerteil – und dabei je nach Materialwahl edel oder ganz verspielt.

STOFFAUSWAHL:

Musselin oder leichte Webware, z.B. aus Viskose oder Tencel

Stoffverbrauch:
170 cm bei 140 cm Stoffbreite

DAS BRAUCHST DU:

- 1x Oberes Vorderteil im Bruch
- 1x Unteres Vorderteil im Bruch
- 1x Oberes Rückteil im Bruch
- 1x Unteres Rückteil im Bruch
- 2x Armrüsche
- 1x Vorderteilbeleg im Bruch
- 1x Rückteilbeleg im Bruch
- 2x Saumrüsche

Alle Schnittteile findest du auf Schnittmusterbogen 3.

ZUSCHNITT:

Gib eine Nahtzugabe von 1 cm und eine Saumzugabe von 1,5 cm zum Schnitt hinzu.

TIPP:

Elsas Vorderteil kann lockerer und deutlich rüschiger werden, wenn man im Bruch etwas mehr Stoff zugibt. Vermiss vor dem Nähen deine Oberweite und vergleiche, ob du vielleicht etwas mehr Luft haben möchtest. 1–2 cm bringen, gerade bei größerer Oberweite, viel Tragekomfort.

1. Wer alles richtig machen möchte, versäubert seinen Webstoff ordnungsgemäß und bebügelt die Belege mit passender Einlage. Achtung: Mein Stoff hat zwei rechte Seiten und ich möchte mal die eine und mal die andere nutzen, um meinem Kleid einen tollen Effekt zu verpassen. Wenn ich „rechte Stoffseite" schreibe, meine ich die Seite, die bei einem einseitigen Stoff die schöne ist.

2. Das Untere Vorderteil muss minimal gekräuselt werden, um es exakt an das Obere Vorderteil stecken zu können. Ich habe mit der Overlock gekräuselt – bei wenig Raffung gelingt das ganz gut.

3. Stecke die Unteren Vorder- und Rückteile an die Oberen Vorder- und Rückteile. Jeweils rechts auf rechts, die Naht soll ja später auf der Innenseite sein. Besonders schön sieht die Naht aus, wenn sie noch mal von rechts knappkantig abgesteppt wird. Der Stoff liegt dann etwas flacher.

4. Stecke Vorderteil und Rückteil rechts auf rechts und schließe die Schulternähte.

5. Die Halsbelege von Vorder- und Rückteil werden ebenfalls an den Schulternähten rechts auf rechts zum Ring geschlossen.

6. Nun wird der Beleg rechts auf rechts an das Halsloch gesteckt, genäht ...

7. ... und auf die Innenseite gewendet. Je nach Stoff muss vielleicht noch die Nahtzugabe in der Rundung ein wenig eingeschnitten werden, damit sich der Beleg schön in den Ausschnitt legen kann.

8. Ich steppe ja gerne knappkantig ab, aber hier fand ich eine weiter von der Stoffkante entfernte Naht passender. Das ist natürlich Geschmackssache, absteppen sollte man aber, sonst krabbelt der Beleg beim Tragen hervor.

9. Die Armrüschen werden rechts auf rechts im Umbruch gebügelt, und die Schulternaht sowie das Vorderteil laut Schnittmuster markiert. Steppe mit einem langen Geradstich die offene Kante ab, um später kräuseln zu können. Eine genauere Anleitung dazu findest du auch noch mal auf Seite 18. Der Schulternaht-Punkt des Ärmels und die Schulternaht des Oberteils werden nun rechts auf rechts aneinandergesteckt.

10. Danach die Armrüschen vorsichtig auf die Länge des Armlochs einkräuseln, feststecken und anschließend nähen.

11. Auch hier ist es hübsch, die Naht noch mal knappkantig von rechts abzusteppen.

12. Das Oberteil wird nun an den Seiten rechts auf rechts gesteckt und genäht.

13. Die beiden Saumrüschen werden rechts auf rechts aneinandergesteckt und seitlich, also an den kurzen Seiten, geschlossen.

14. Die so entstandene Saumrüsche muss nun auf die Breite des Oberteils gerafft werden.

15. Nähe das geraffte Rüschenteil rechts auf rechts ans Oberteil.

16. Versäubere den Saum und schon ist die schöne Elsa ausgehfertig.

VARIATION: TOP ELFIE

SCHWIERIGKEITSGRAD:

Nimm dir ein bisschen Zeit und dazu einen guten Tee!

Top mit Flügelärmeln und Passe

Elfie ist perfekt zu einer schmalen Hose und mit einer Strickjacke ist das Oberteil ganzjährig eine treue Begleiterin.

STOFFAUSWAHL:

Webware wie Musselin, Viskose, Tencel

Stoffverbrauch:
130 cm bei 140 cm Stoffbreite

DAS BRAUCHST DU:

- 1x Oberes Vorderteil im Bruch, plus 2 cm Weite im Bruch (siehe Schritt 1, Seite 64)
- 1x Unteres Vorderteil im Bruch
- 1x Oberes Rückteil im Bruch, 1x Unteres Rückteil im Bruch, als ein Schnittteil zugeschnitten (siehe Schritt 1, Seite 64)
- 1x Armrüsche, am Stoffbruch durchgeschnitten
- 1x Vorderteilbeleg im Bruch
- 1x Rückteilbeleg im Bruch

Alle Schnittteile findest du auf Schnittmusterbogen 3.

ZUSCHNITT:

Gib eine Nahtzugabe von 1 cm und eine Saumzugabe von 1,5 cm zum Schnitt hinzu.

TIPP:

Gedoppelte Ärmel aus zwei Stoffschichten können ohne Probleme auch einfach zugeschnitten werden. Sie haben dann weniger Stand und müssen noch versäubert werden. Beachte aber, dass man die linke Stoffseite beim fertigen Teil sehen wird und das bei nicht durchgefärbten Stoffen stören kann.

1. Folgende Änderungen habe ich für das Top vorgenommen: Ich habe das Obere und Untere Rückteil als ein Teil zugeschnitten und beim Oberen Vorderteil im Bruch 2 cm Weite zugegeben. Das Untere Vorderteil bleibt dabei unverändert. Außerdem sind die Armrüschen „einlagig" zugeschnitten und werden später nicht im Umbruch gefaltet.

2. Das Untere Vorderteil wird gekräuselt, damit du es exakt an das Obere Vorderteil stecken kannst.

3. Stecke und nähe das Untere Vorderteil rechts auf rechts an das Obere Vorderteil.

4. Der Stoff liegt schön flach, wenn die Naht noch mal knappkantig von rechts abgesteppt wird.

5. Stecke Vorderteil und Rückteil rechts auf rechts und schließe die Schulternähte.

6. Die Halslochbelege von Vorder- und Rückteil werden ebenfalls an den Schultern rechts auf rechts geschlossen. Bei Musselin verzichte ich auf unnötiges Bügeln und streiche die Nähte dafür sorgfältig auseinander.

7. Nun wird der Beleg rechts auf rechts an das Halsloch gesteckt, festgenäht ...

8. ... und auf die Innenseite gewendet. Je nach Stoff musst du vielleicht noch die Nahtzugabe in der Rundung ein wenig einschneiden, damit sich der Beleg schön in den Ausschnitt legen kann.

9. Ich steppe den Ausschnitt noch mal knappkantig von rechts ab. Außerdem habe ich im Nahtschatten der Schulternaht ein paar Stiche mit der Hand gemacht, um den Beleg dort noch mal zu fixieren.

10. Die Armrüschen sind in meinem Fall einlagig und werden deshalb nicht im Umbruch gebügelt. Dort, wo der Umbruch laut Schnittmuster wäre, muss nun die Kante versäubert werden. Ich habe mich hier für einen Rollsaum entschieden.

11. Die Schulternaht sowie die Markierung für das Vorderteil mit einer Stecknadel kennzeichnen. Dann mit einem langen Geradstich die Stoffkante absteppen und die Strecke leicht kräuseln. Dazu findest du auch eine Anleitung auf Seite 18 im Grundlagenteil.

12. Der Schulternaht-Punkt der Armrüsche und die Schulternaht des Oberteils werden nun rechts auf rechts aneinandergesteckt. Danach die Armrüsche vorsichtig auf die Länge des Armlochs kräuseln, feststecken und -nähen.

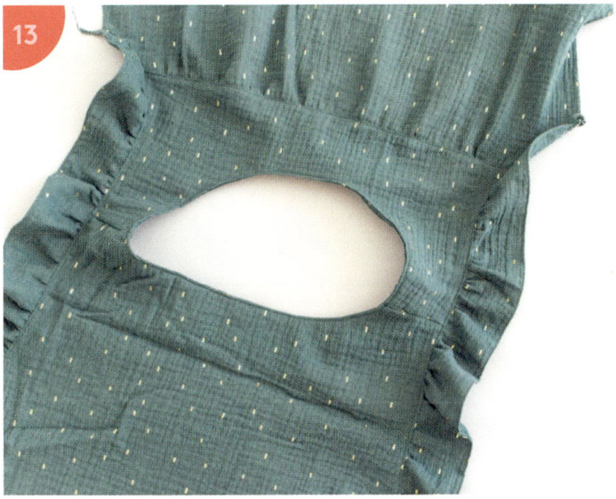

13. Auch hier ist es hübsch, die Naht noch mal knappkantig von rechts abzusteppen.

14. Das Oberteil wird nun an den Seiten rechts auf rechts gesteckt und genäht.

15. Da ich den Musselin ganz frech mit der Overlock nähe, ziehe ich die Fadenraupe einfach mit einer dicken Stopfnadel ins Innere der Naht.

16. Zum Schluss kümmern wir uns noch um den Saum und dann ist Elfie auch schon fertig.

SHIRTKLEID JANNE

SCHWIERIGKEITSGRAD:

- Schaffst du locker!

Lockeres Kleid mit angeschnittenem Arm und Raffung unter der Brust
Janne ist ein schnell genähtes Sommerkleidchen mit integriertem Ärmelsaum.

STOFFAUSWAHL:

Alle Arten von Jersey oder auch leichter Sweat

Stoffverbrauch:
210 cm bei 140 cm Stoffbreite

DAS BRAUCHST DU:

- 1x Vorderteil im Bruch
- 1x Rückteil im Bruch
- 1x Vorderteilbeleg im Bruch
- 1x Rückteilbeleg im Bruch
- 2x Rockteil im Bruch

Alle Schnittteile findest du auf Schnittmusterbogen 3.

ZUSCHNITT:

Gib eine Nahtzugabe von 1 cm und eine Saumzugabe von 1,5 cm zum Schnitt hinzu. Am angeschnittenen Ärmel ist keine Saumzugabe nötig.

TIPP:

Nähe Ober- und Unterteil aus verschiedenen Stoffen. Sogar verschiedene Qualitäten sind möglich: An das Jerseyoberteil könnte auch eine leichte Webware als Rockteil angenäht werden.

1. Jersey muss nicht versäubert werden, die Belegteile sollten aber trotzdem mit passender, dehnbarer Einlage versehen werden.
2. Lege das Vorderteil und das Rückteil rechts auf rechts aufeinander und schließe die Schulternähte. Dasselbe wird beim Vorderteilbeleg und dem Beleg des Rückteils gemacht.
3. Stecke und nähe anschließend den Beleg rechts auf rechts an das Vorderteil. Wie genau du einen Beleg an ein Oberteil nähst, erfährst du auch noch mal auf Seite 16.
4. Lege das Oberteil rechts auf rechts und stecke und nähe die Seitennähte. Beachte dabei den Ärmelsaum, der schon im Schnittteil integriert ist. Hier muss zwingend mit der Nähmaschine, nicht mit der Overlock genäht werden. Nur so kann man den Saum perfekt umklappen. Der Ärmelsaum wird anschließend noch sauber umgebügelt und festgesteppt.

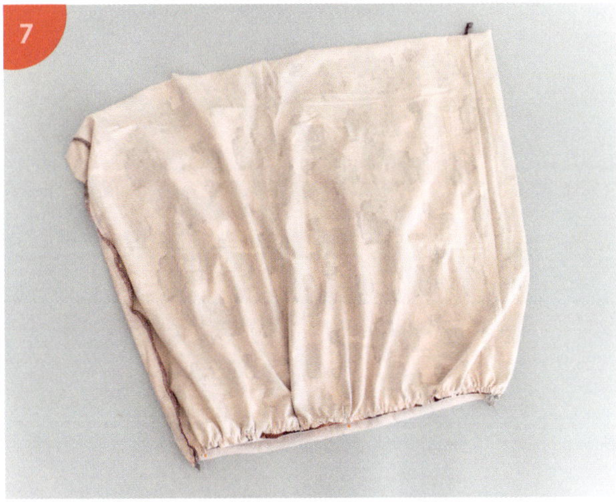

5. Die beiden Rockteile werden rechts auf rechts aneinandergesteckt und seitlich, also an den kurzen Seiten, geschlossen.

6. Das so entstandene Rockteil muss nun auf die Breite des Oberteils eingekräuselt werden. Eine Anleitung zum Kräuseln von Stoffen findest du auf Seite 18 bei den Näh-Basics.

7. Nähe das geraffte Rockteil anschließend rechts auf rechts ans Oberteil.

8. Versäubere den Saum und schon ist Janne fertig.

VARIATION: RÜSCHENTOP JULIE

SCHWIERIGKEITSGRAD:

⊗ ⊗ Nimm dir ein bisschen Zeit und dazu einen guten Tee!

Lockeres Top mit angeschnittenem Arm und Schößchen
Julies Halsausschnitt hält einen besonderen Hingucker parat und ist wie auch Janne im lockeren Empire-Stil gehalten.

STOFFAUSWAHL:

Alle Arten von Jersey

Stoffverbrauch:
150 cm bei 140 cm Stoffbreite

DAS BRAUCHST DU:

- 1x Vorderteil im Bruch
- 1x Rückteil im Bruch
- 1x Halsbündchen
- 2x Rockteil (kurz) im Bruch

Alle Schnittteile findest du auf Schnittmusterbogen 3.

ZUSCHNITT:

Gib eine Nahtzugabe von 1 cm und eine Saumzugabe von 1,5 cm zum Schnitt hinzu. Am angeschnittenen Ärmel ist keine Saumzugabe nötig.

TIPP:

Wenn der Stoff dehnbar genug ist, kann Julies Halsbündchen auch aus Jersey statt aus Bündchenware genäht werden. Hier kann man super kleine Reste in Szene setzen oder mit Kontrasten arbeiten.

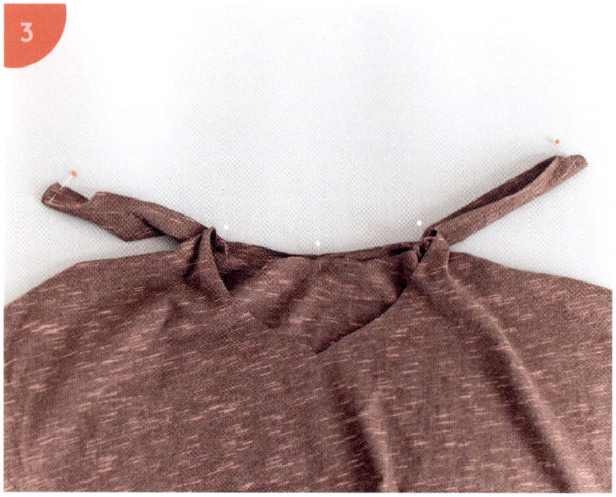

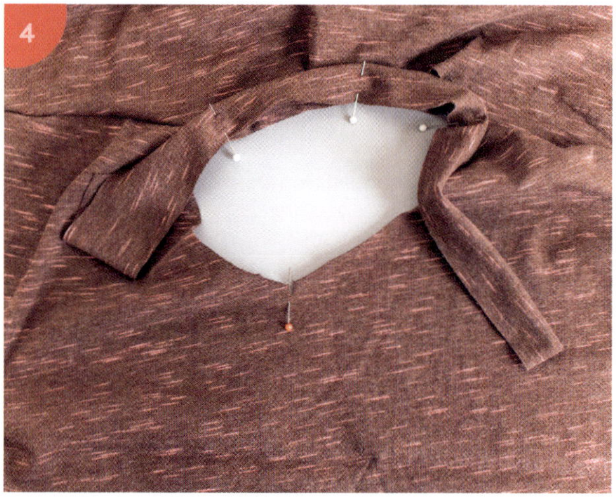

1. Jersey muss nicht versäubert werden – wenn dein Stoff sich aber leicht aufribbelt, sollte die Spitze des Ausschnitts mit Vlies verstärkt werden. Die Spitze wird nachher innerhalb der Nahtzugabe eingeschnitten und soll dabei ihre Form behalten.
2. Lege zunächst das Vorderteil und das Rückteil rechts auf rechts aufeinander und schließe anschließend die Schulternähte.
3. Falte das Halsbündchen der Länge nach links auf links und stecke es rechts auf rechts an die hintere Mitte und die beiden Schulterpunkte. Die offene Seite zeigt dabei in Richtung Halsausschnitt, genau wie bei einem Bündchen, das vorher zum Ring geschlossen wurde.
4. Die Nahtzugabe wird an der Spitze des Ausschnittes eingeschnitten, um das Halsbündchen gleich exakt annähen zu können.

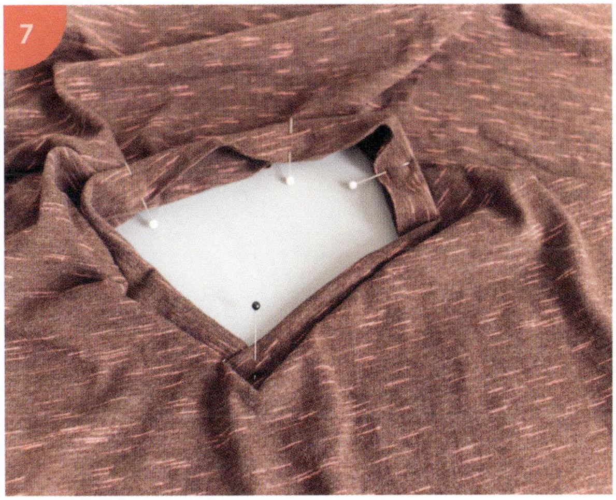

5. Der Rest des Bündchens wird auf die Strecke zwischen Ausschnitt-Spitze und Schulterpunkt verteilt. Hier wird der Stoff im Vergleich zur Strecke im Nacken kaum gedehnt. Der Stoffstreifen reicht einen Zentimeter über die Spitze hinaus.

6. Die zweite Seite wird genauso gesteckt. Die Enden des Halsbündchens treffen sich und werden noch zusätzlich aufeinander fixiert.

7. Umgedreht sieht das schon richtig gut aus!

8. Die beiden offenen kurzen Kanten steppe ich zum Fixieren mit ein paar Stichen aufeinander.

9. Dann wird das Halsbündchen wieder auf der linken Stoffseite in Position gebracht …

10. … und festgenäht. Ich steppe dabei erst ein kurzes Stück links und rechts der Spitze. Den Belegstreifen unterhalb dieses Punktes habe ich eben ja schon mit einigen Stichen fixiert. Wenn das gut aussieht, nähe ich den Rest mit der Overlock fest.

11. Wer mag, steppt den Ausschnitt noch knappkantig von rechts ab.

12. Lege das Oberteil rechts auf rechts und stecke und nähe die Seitennähte. Beachte dabei den Ärmelsaum, der schon im Schnittteil integriert ist. Hier muss zwingend mit der Nähmaschine, nicht mit der Overlock genäht werden. Nur so kann man den Saum sauber umklappen. Die beiden Schößchenteile (aka kurze Rockteile) werden ebenfalls rechts auf rechts an den Seitennähten geschlossen.

13. Der Ärmelsaum wird jetzt sauber umgebügelt und festgesteppt.

14. Das Schößchen muss nun auf die Breite des Oberteils gekräuselt werden. Eine Anleitung zum Kräuseln von Stoffen findest du auf Seite 18.

15. Nähe das geraffte Schößchen rechts auf rechts ans Oberteil.

16. Versäubere zum Schluss noch den Saum und schon ist das Oberteil fertig.

TUNIKAKLEID TILLA

SCHWIERIGKEITSGRAD:

⊗ ⊗ Nimm dir ein bisschen Zeit und dazu einen guten Tee!

Tunika-artiges Kleid mit überschnittenen Schultern und Raffung unter der Brust
Ob am Strand oder beim Stadtbummel – mit Tilla ist man immer richtig angezogen.

STOFFAUSWAHL:

Webware, z.B Viskosewebware, leichte Leinen-Mischgewebe oder Musselin

Stoffverbrauch:
220 cm bei 140 cm Stoffbreite

DAS BRAUCHST DU:

- 1x Vorderteil im Bruch
- 1x Rückteil im Bruch
- 1x Vorderteilbeleg im Bruch
- 1x Rückteilbeleg im Bruch
- 1x Vorderer Tunnel
- 1x Hinterer Tunnel
- Gummiband 2 cm breit in Taillenweite

Alle Schnittteile findest du auf Schnittmusterbogen 4.

ZUSCHNITT:

Gib eine Nahtzugabe von 1 cm und eine Saumzugabe von 1,5 cm zum Schnitt hinzu.

TIPP:

Statt Vorder- und Rückteil im Bruch zuzuschneiden, kannst du hier mit einer Mittelnaht tolle Colourblocking-Experimente machen.

TIPP:

Das Gummiband kann auch durch eine Kordel ersetzt werden. Schlage hierzu vor dem Nähen des Tunnels zwei Ösen mit 2 cm Abstand auf Höhe des markierten Tunnels ins Vorderteil. Nähe den Tunnel wie in der Anleitung beschrieben und ziehe dann die Kordel durch.

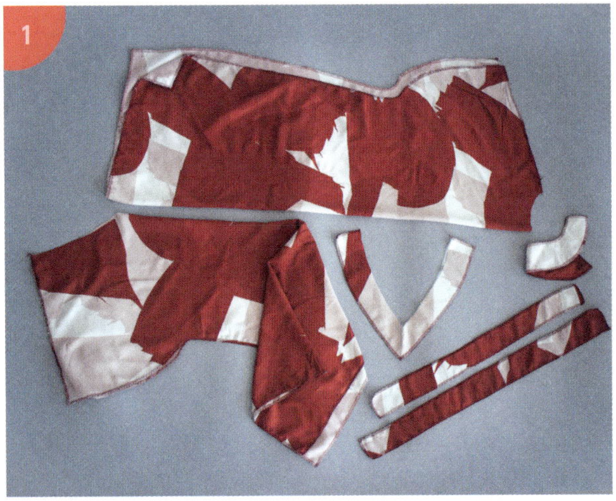

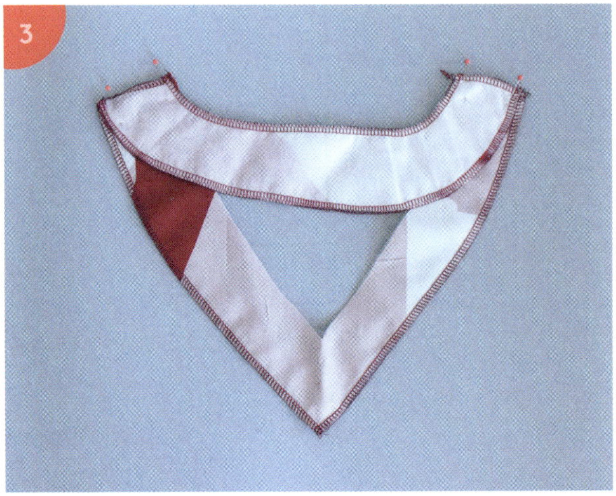

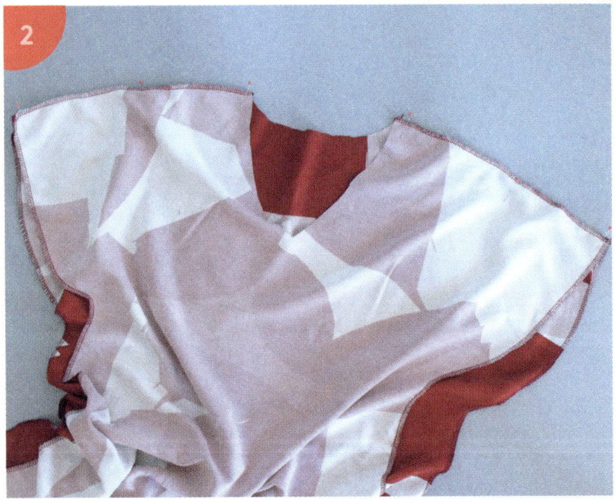

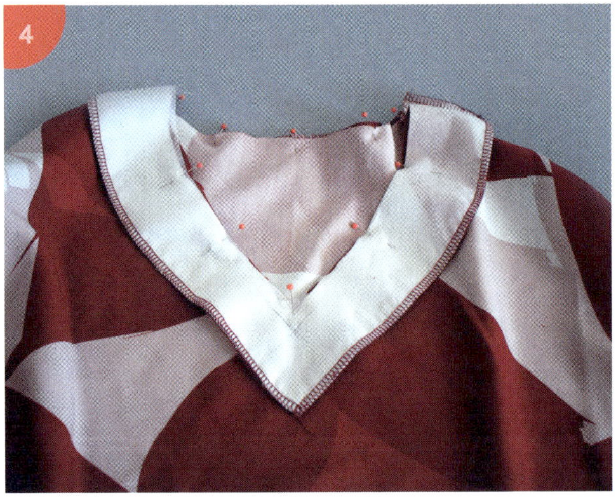

1. Versäubere alle Schnittteile und versehe optional die Belegteile mit einer zu deiner Stoffwahl passenden Einlage.

2. Lege das Vorderteil und das Rückteil rechts auf rechts aufeinander und schließe die Schulternähte. Bügle die Nähte auseinander.

3. Lege den Vorderteilbeleg und den Beleg des Rückteils ebenfalls rechts auf rechts und schließe die Schulternähte wie zuvor beim Kleid. Bügeln nicht vergessen!

4. Stecke den Beleg rechts auf rechts an das Vorderteil und markiere an der vorderen Mitte die spätere Nahtlinie, beziehungsweise den Punkt, an dem sich die Linien kreuzen.

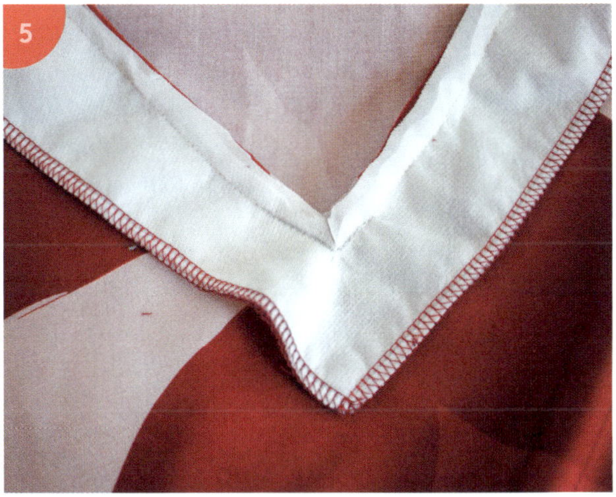

5. Nähe nun, am eben markierten Punkt beginnend, mit 1 cm Abstand den Beleg an das Kleid. An der Spitze wird die Nahtzugabe eingeschnitten.

6. Danach wird der Beleg umgeschlagen, sorgfältig gebügelt und abgesteppt. Je nach Stoffart und Vorliebe kann dies knappkantig oder bis zur Belegbreite sein.

7. Bügle die Ärmel laut der Markierung auf dem Schnittteil links auf links um und steppe sie fest.

8. Lege das Kleid rechts auf rechts und stecke und nähe die Seitennähte von Achsel bis Saum.

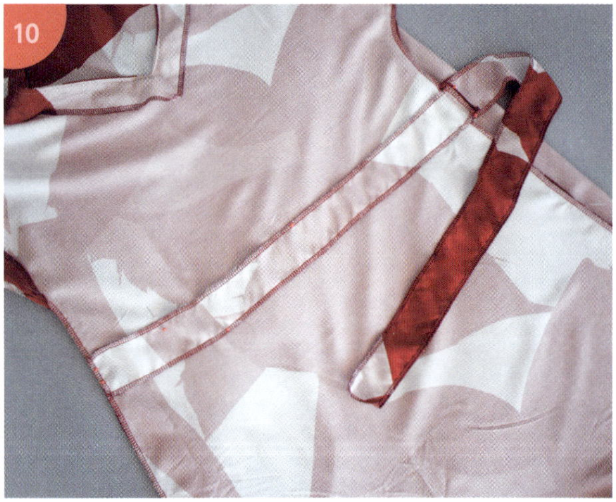

9. Nähe das vordere und hintere Tunnelteil an einer der kurzen Seiten rechts auf rechts zu einem langen Teil aneinander.

10. Stecke den Tunnelzug anschließend links auf links an den markierten Bereich des Kleides. Nähe den Tunnelzug am oberen und unteren Rand fest. Achte hierbei auf die passende Garnfarbe – auch beim Unterfaden!

11. Gummiband einziehen, Weite festlegen und mit ein paar Stichen fixieren. Ich habe bei meinem Kleid das Gummiband etwas länger gelassen und für das erste Tragen nur mit einer Sicherheitsnadel geschlossen. So habe ich die Möglichkeit, die Weite erst einmal zu testen, bevor ich alles fixiere.

12. Nun noch säumen und schon ist das lässige Kleidchen fertig.

VARIATION: OVERSIZESHIRT TARA

SCHWIERIGKEITSGRAD:

- Schaffst du locker!

Weites, kastig geschnittenes Shirt mit V-Ausschnitt
Tara ist flott genäht und das perfekte Kombiteil für die Lieblingsjeans. Als absolute Krönung ist sie auch noch superbequem!

STOFFAUSWAHL:

Webware, z.B. Viskosewebware, leichte Leinen-Mischgewebe oder Musselin

Stoffverbrauch:
150 cm bei 140 cm Stoffbreite

DAS BRAUCHST DU:

- 1x Vorderteil in Shirtlänge im Bruch
- 1x Rückteil in Shirtlänge im Bruch
- 1x Vorderteilbeleg im Bruch
- 1x Rückteilbeleg im Bruch

Alle Schnittteile findest du auf Schnittmusterbogen 4.

ZUSCHNITT:

Gib eine Nahtzugabe von 1 cm und eine Saumzugabe von 1,5 cm zum Schnitt hinzu.

TIPP:

Selbstverständlich kann Tara wie Kleid Tilla ebenfalls mit Taillengummi genäht werden. Da das Top durch die Raffung aber noch mal Länge einbüßt, sollte es ein bisschen verlängert werden. Lieber zu viel als zu wenig, kürzen geht schnell!

1. Versäubere alle Schnittteile und versehe optional die Belegteile mit einer zu deiner Stoffwahl passenden Einlage.

2. Lege das Vorderteil und das Rückteil rechts auf rechts aufeinander und schließe die Schulternähte. Bügle die Nähte anschließend auseinander.

3. Lege den Vorderteilbeleg und den Beleg des Rückteils ebenfalls rechts auf rechts und schließe die Schulternähte wie auf Seite 80 bei Kleid Tilla. Sauberes Bügeln zahlt sich aus und alle Nähte liegen schön flach.

4. Stecke den Beleg rechts auf rechts an das Vorderteil und nähe ihn fest. Sieh dir die Beschreibung von Tilla auf Seite 80 und 81 an, wenn du hierfür eine detailliertere Anleitung benötigst.

5. Schneide die Nahtzugabe in den Rundungen und vor allem an der Spitze ein, um den Beleg sauber nach links wenden zu können. Nun wird er sauber gebügelt und festgesteppt.

6. Bügle die Ärmel laut der Markierungen auf dem Schnittteil links auf links um und steppe sie fest.

7. Lege das Shirt rechts auf rechts und stecke und nähe die Seitennähte von Achsel bis Saum.

8. Nun musst du Tara nur noch säumen und schon ist das Oberteil fertig.

JERSEYKLEID MINE

SCHWIERIGKEITSGRAD:

⊗ ⊗ Nimm dir ein bisschen Zeit und dazu einen guten Tee!

Kastiges Jerseykleid mit kurzem Arm und weitem Rockteil
Schnell genäht und dabei so lässig, das ist Kleid Mine.

STOFFAUSWAHL:

Alle Arten von Jersey

Stoffverbrauch:
200 cm bei 140 cm Stoffbreite
25 cm Bündchen bei 70 cm Stoffbreite

DAS BRAUCHST DU:

- 1x Vorderteil in Kleidlänge im Bruch
- 1x Rückteil in Kleidlänge im Bruch
- 2x Ärmel gegengleich
- 1x Halsbündchen
- 2x Rockteil im Bruch

Alle Schnittteile findest du auf Schnittmusterbogen 4.

ZUSCHNITT:

Gib eine Nahtzugabe von 0,7 cm und eine Saumzugabe von 1,5 cm zum Schnitt hinzu.

TIPP:

Aus Viskosejersey oder Tencel fällt Mine trotz ihrer kastigen Form schön schmal. Wer etwas mehr Stand und Volumen haben möchte, näht sie einfach aus festem Baumwolljersey.

1. Jersey muss nicht versäubert werden und wir können gleich mit dem Nähen starten.

2. Stecke Vorderteil und Rückteil rechts auf rechts und schließe beide Schulternähte. Das Halsbündchen wird ebenfalls rechts auf rechts zum Ring geschlossen.

3. Das Bündchen wird im Umbruch gefaltet und rechts auf rechts mit gleichmäßiger Dehnung an das Halsloch gesteckt. Eine Anleitung dazu findest du auch auf Seite 15.

4. Nun werden die Ärmel rechts auf rechts an das Kleid gesteckt und genäht. Beachte dabei die Markierung für Vorne/Hinten und die Schulternaht, die du vom Schnittteil überträgst.

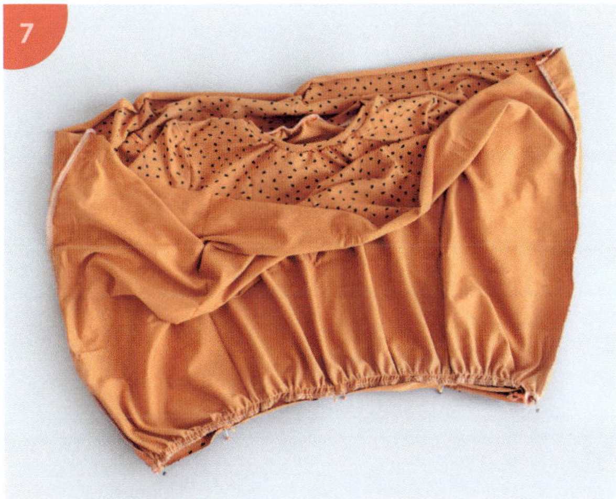

5. Wenn die Ärmel im Oberteil sind, wird es rechts auf rechts gelegt, um die Seitennähte in einem Rutsch vom Saum bis zur Öffnung der kurzen Ärmel zu schließen.

6. Die beiden Rockteile werden an den kurzen Seiten rechts auf rechts zusammengenäht. Die Mehrweite des Rockteils muss nun auf die Weite des Oberteils gekräuselt werden. Wie das geht, steht noch mal detailliert auf Seite 18.

7. Nun stimmt also die Weite beider Teile überein und das Rockteil kann ans Oberteil. Stülpe dazu das Rockteil auf links und stecke das Oberteil hinein. Die rechten Stoffseiten liegen an den Seitennähten passend aufeinander. Stecke sie fest und steppe die beiden Teile einmal ringsherum fest.

8. Einmal säumen und fertig ist das gute Stück!

VARIATION: BASIC-SHIRT MILLI

SCHWIERIGKEITSGRAD:

- Schaffst du locker!

Kurzes Basic-Shirt in Wohlfühlweite mit „Streberstreifen"
Milli ist kurz geschnitten und endet oberhalb der Hüfte – perfekt für alle Hosen und Röcke mit schönem Bund.

STOFFAUSWAHL:

Alle Jerseystoffe oder dünnerer Sweat

Stoffverbrauch:
110 cm bei 140 cm Stoffbreite
25 cm Bündchen bei 70 cm Stoffbreite

DAS BRAUCHST DU:

- 1x Vorderteil im Bruch
- 1x Rückteil im Bruch
- 2x Ärmel gegengleich
- 1x Halsbündchen
- Optional: 1x Jerseystreifen 2 cm breit und ca. 15 cm lang

Alle Schnittteile findest du auf Schnittmusterbogen 4.

ZUSCHNITT:

Milli nähe ich komplett mit der Overlock und gebe deshalb eine Nahtzugabe von 0,7 cm zu. Wenn du mit der Haushaltsnähmaschine und dem Zickzackstich nähst, passe die Nahtzugabe an. Die Saumzugabe beträgt 1,5 cm. Ich möchte die Ärmel etwas kürzer haben und verzichte hier deshalb auf die Saumzugabe.

Achtung: Wenn du ebenfalls Ärmel aus unterschiedlichen Stoffen nähen willst, vergewissere dich, dass du einen linken und einen rechten Ärmel und nicht zwei gleiche zuschneidest!

TIPP:

Wenn du Milli lieber etwas länger haben möchtest, schneide Vorder- und Rückteil einfach länger zu und lege die für dich perfekte Länge nach dem Schließen der Seitennähte fest.

1. Da ich mit der Overlock nähe, versäubere und nähe ich in einem Schritt. Außerdem habe ich mich für einen optionalen Bündchenversäuberungsstreifen am Ausschnitt entschieden und deshalb noch einen Jerseystreifen zugeschnitten, der ungefähr die Länge des hinteren Halslochs hat.

2. Lege Vorder- und Rückteil rechts auf rechts und schließe eine Schulternaht. Achtung: nur eine, nicht beide Schulternähte!

3. Das Bündchen ist links auf links gefaltet, aber nicht zum Ring geschlossen, sondern noch offen. Es wird nun an der offenen Schulter rechts auf rechts angesteckt. Der Versäuberungsstreifen kommt rechts auf rechts darüber. Wer ihn weglassen möchte, kann das einfach tun und macht bei Punkt 7 weiter.

4. Ich stecke nicht die ganze Strecke, sondern nähe das Bündchen leicht gedehnt an Vorder- und Rückteil an. Dabei dehne ich das Bündchen gleichmäßig. Den „Streberstreifen" dehne ich einfach mit. Meiner ist etwas kurz geraten, daher läuft er nicht von Schulter bis Schulter, das macht aber nichts.

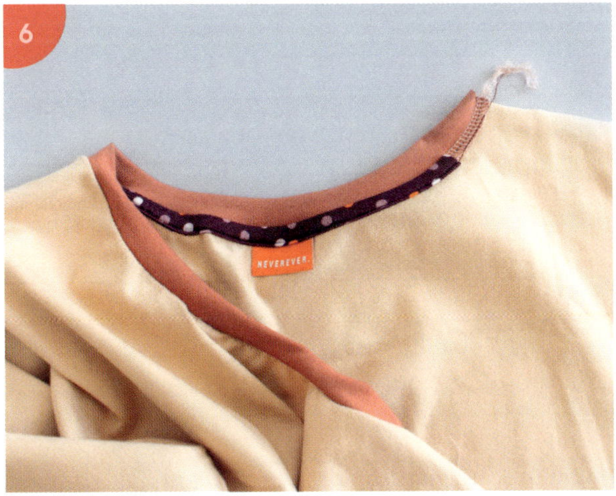

5. Nun wird der Versäuberungsstreifen um die Overlocknaht geschlagen und festgesteckt. Das geht natürlich auch genauso bei einer einfachen Nähmaschinennaht.

6. Der umgeschlagene Streifen wird jetzt knappkantig festgenäht. Nutze dafür entweder den 3-fach-Geradstich deiner Nähmaschine oder ein leicht dehnbares Garn – die Naht ist später schließlich der gleichen Dehnung ausgesetzt wie das Bündchen. Achte auch auf die Farbe des Unterfadens!

7. Nun die zweite Schulternaht schließen. Ich sichere dafür kurz mit der Nähmaschine den ersten Zentimeter der Naht, damit am Halsausschnitt die beiden Bündchenenden sauber aufeinandertreffen. Danach werden die Ärmel rechts auf rechts eingenäht. Achte auf die Knipse für Vorder- und Rückteil und den Schulterpunkt.

8. Ich versäubere die offenen Ärmel schon an diesem Punkt, das geht natürlich auch später noch. Dann die seitlichen Nähte rechts auf rechts schließen. Zum Schluss muss nur noch der Saum genäht werden und schon ist Milli fertig.

PARTYKLEID AMALIE

SCHWIERIGKEITSGRAD:

⊗ ⊗ Nimm dir ein bisschen Zeit und dazu einen guten Tee!

Kleid mit Trompetenärmeln, aufgestepptem Gummibund und Saumrüsche
Amalie ist die beste Begleitung für die nächste Party – und dabei je nach Materialwahl edel oder verspielt.

STOFFAUSWAHL:

Musselin und andere leichte Webwaren, z. B. aus Viskose oder Tencel

Stoffverbrauch:
210 cm bei 140 cm Stoffbreite

DAS BRAUCHST DU:

- 1x Vorderteil im Bruch
- 1x Vorderteilbeleg im Bruch
- 1x Rückteil im Bruch
- 1x Rückteilbeleg im Bruch
- 2x Ärmel gegengleich
- 2x Unteres Rockteil
- Gummiband in Taillenweite

Alle Schnittteile findest du auf Schnittmusterbogen 5.

ZUSCHNITT:

Gib eine Nahtzugabe von 1 cm und eine Saumzugabe von 1,5 cm zum Schnitt hinzu.

TIPP:

Selbstverständlich können Amalies Rückteil und Unteres Rockteil verlängert oder gekürzt werden. Auch eine weitere Stufe für ein bodenlanges Kleid ist möglich. In diesem Fall würde ich die vorhandene Stufe etwas weniger breit zuschneiden, um bei der zweiten Stufe noch mit der Warenbreite des Stoffes auszukommen.

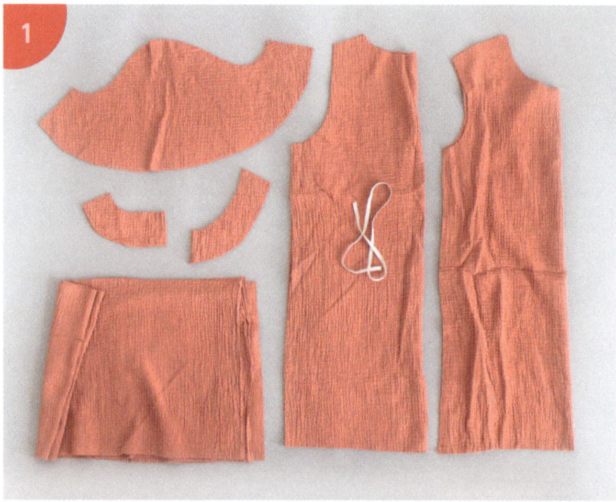

1. Versehe die Belege gegebenenfalls mit zur Stoffwahl passender Einlage (mehr Infos dazu findest du auf Seite 11 im Grundlagenteil) und versäubere den Stoff an den Kanten.

2. Das Vorderteil ist an der Schulter breiter als das Rückteil und muss deshalb noch auf die richtige Breite gekräuselt werden. Eine detailierte Anleitung dazu findest du auf Seite 18.

3. Nun können Vorder- und Rückteil rechts auf rechts an der Schulter geschlossen werden.

4. Ich steppe die Schulternaht des Oberteils noch knappkantig ab, damit sich alles etwas schöner legt, und nähe dann den Beleg ebenfalls rechts auf rechts an den Schulternähten zusammen.

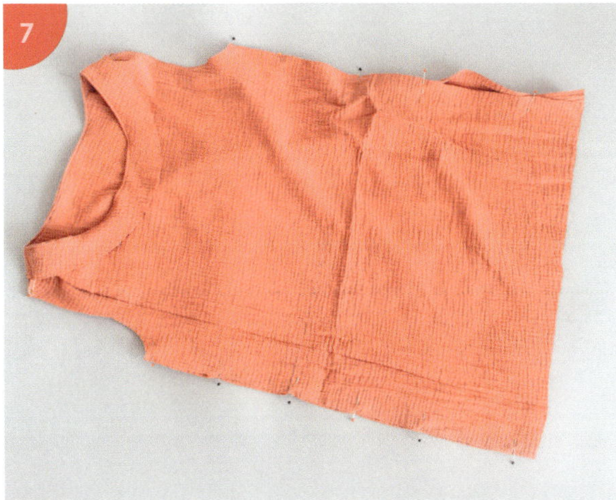

5. Nun wird der Beleg rechts auf rechts an das Halsloch gesteckt und genäht ...

6. ... und danach auf die Innenseite gewendet und festgesteppt. Je nach Stoff muss vor dem Wenden die Nahtzugabe in der Rundung ein wenig eingeschnitten werden, damit sich der Beleg einfacher in den Ausschnitt legen kann.

7. Das Oberteil wird nun rechts auf rechts an den Seitennähten geschlossen.

8. Auch die Ärmel werden an ihrer Seitennaht rechts auf rechts geschlossen.

9. Ich habe den Ärmelsaum mit einem feinen Rollsaum versehen – du säumst natürlich, wie es zu deinem Stoff passt und deinem Geschmack entspricht. Denk daran, die Saumzugabe gegebenenfalls anzupassen, wenn du auch spontan einen Rollsaum machst und deshalb weniger als die zugeschnittenen 1,5 cm brauchst.

10. Die Nähte von Oberteil und Ärmel werden sauber auseinandergebügelt und der Ärmel rechts auf rechts an das Armloch gesteckt. Beachte dabei die Markierungen und halte beim Nähen die Mehrweite an der Armkugel ein.

11. Wenden wir uns dem Unteren Rockteil zu. Die beiden Rockteile werden rechts auf rechts aneinandergesteckt und seitlich, also an den kurzen Seiten, geschlossen.

12. Das so entstandene Rockteil muss nun auf die Breite des Oberteils gerafft werden. Wie das geht, ist auf Seite 18 beschrieben.

13. Nähe das geraffte Rockteil rechts auf rechts ans Oberteil.

14. Nun fehlt noch das aufgenähte Gummiband am Oberteil. Um die perfekte Weite für dein Kleid zu ermitteln, ziehe am besten das Kleid über und lege dann das Gummiband an der vorgesehen Stelle um deine Taille. So kannst du deine persönliche Wohlfühlweite ermitteln. Das Gummiband wird dann gemäß der Markierung auf die Innenseite des Kleides genäht. Ich setze dazu an den beiden Seiten Nadeln und dehne das Band dann beim Nähen unter der Nähmaschine. Achte hierbei auf die Farbe des Unterfadens, er ist später auf der Vorderseite sichtbar!

15. Zum Schluss muss noch der Saum umgenäht werden und schon ist Amalie fertig für das nächste Sommerfest.

VARIATION: STUFENROCK ANNA

SCHWIERIGKEITSGRAD:

- Schaffst du locker!

Stufenrock aus Musselin

Mit Anna kannst du dich austoben: Schnell genäht und perfekt für den Stoffabbau geeignet, macht der Rock schon vor dem Tragen einfach Spaß.

STOFFAUSWAHL:

Alle leichten Webwaren wie Musselin, leichter Chambray, Viskosewebware

Stoffverbrauch:
140 cm bei 140 cm Stoffbreite

DAS BRAUCHST DU:

- 1x Hinteres Rockteil im Bruch
- 1x Vorderes Rockteil im Bruch
- 2x Unteres Rockteil
- 1x Bund im Bruch
- Gummiband 3 cm breit

Alle Schnittteile findest du auf Schnittmusterbogen 5.

ZUSCHNITT:

Gib eine Nahtzugabe von 1 cm und eine Saumzugabe von 1,5 cm zum Schnitt hinzu.

TIPP:

Anna kann wirklich aus fast allen Materialien genäht werden. Wichtig ist dabei nur, dass die Eigenschaften der gewählten Stoffe beachtet werden. Aus Baumwollwebware wird der Rock bauschig und eher steif, aus Musselin dafür anschmiegsam und weich.

1. Wer alles richtig machen möchte, versäubert seinen Webstoff ordnungsgemäß und versieht den Bund mit passender Einlage. Ich habe Letzteres tatsächlich im Eifer des Zuschnitts vergessen und muss es später durch ein exakt passendes Gummiband wiedergutmachen.

2. Die beiden oberen und unteren Rockteile werden rechts auf rechts aneinandergesteckt und seitlich, also an den kurzen Seiten, geschlossen.

3. Der Bund wird rechts auf rechts gefaltet und ebenfalls an der kurzen Seite zusammengenäht. Hier lassen wir aber eine kleine Lücke zwischen Stoffkante und Umbruch. In diese wird später noch das Gummiband eingefädelt.

4. Der Bund wird nun rechts auf rechts an das obere Rockteil genäht. Beachte, dass die Rückseite des Rockes etwas breiter ist als die Vorderseite. Die Öffnung für das Gummiband soll hinten sein und kommt deshalb natürlich an die breitere Seite.

5. Ich stecke immer erst und vergewissere mich dann, ob die Öffnung auch wirklich auf der späteren Innenseite ist und nähe dann.

6. Nun wird das Gummiband eingefädelt, fixiert und die Öffnung anschließend mit zwei, drei Handstichen geschlossen.

7. Das Untere Rockteil muss nun auf die Breite des oberen Rockteils gerafft werden. Dazu findest du noch mal eine ausführlichere Anleitung auf Seite 18. Nähe anschließend das geraffte Untere Rockteil rechts auf rechts ans Obere Rockteil.

8. Versäubere den Saum und schon ist Anna ausgehfertig. Noch hübscher wird sie, wenn du Bund und Unteres Rockteil noch knappkantig absteppst. Beides liegt dann einfach schöner.

MINIKLEID LARA

SCHWIERIGKEITSGRAD:

⊗ ⊗ Nimm dir ein bisschen Zeit und dazu einen guten Tee!

Kurzes Kleid ohne Abnäher mit Beleg

Lara ist ein schnell genähtes Kleid, das durch seine schicke Belegverarbeitung besticht.

STOFFAUSWAHL:

Webware wie Musselin, Viskose, Tencel, Leinen

Stoffverbrauch:

170 cm bei 140 cm Stoffbreite

DAS BRAUCHST DU:

- 1x Oberes Vorderteil im Bruch
- 1x Oberes Rückteil im Bruch
- 1x Vorderteilbeleg im Bruch
- 1x Rückteilbeleg im Bruch
- 1x Hinteres Rockteil im Bruch
- 1x Vorderes Rockteil im Bruch

Alle Schnittteile findest du auf Schnittmusterbogen 5 (Oberes Vorderteil, Vorderes Rockteil) sowie Schnittmusterbogen 6 (Oberes Rückteil, Vorderteilbeleg, Rückteilbeleg, Hinteres Rockteil).

ZUSCHNITT:

Gib eine Nahtzugabe von 1 cm und eine Saumzugabe von 1,5 cm zum Schnitt hinzu.

TIPP:

Da Lara ganz ohne Brustabnäher auskommt, ist das Messen des Brustumfangs besonders wichtig für die Passform. Der Stoff sollte nicht zu steif sein, da sonst das bequeme Anziehen erschwert wird. Auch klassische Blusenstoffe mit Elasthananteil sind optimal.

1. Den Anfang macht hier das Versäubern der Schnittteile. Zudem werden die beiden Belegteile mit leichter Einlage versehen.

2. Laras Beleg, der Halsloch und Armlöcher beinhaltet, ist eigentlich gar nicht schwer einzunähen, wir müssen nur unsere bekannte Näh-Reihenfolge etwas ändern. Starte nicht mit dem Schließen der Schulternähte, sondern stelle diesen Schritt hinten an. Vorder- und Rückteil sowie Vorderer Beleg und Rückteilbeleg werden jeweils an den Seitennähten rechts auf rechts zusammengenäht.

3. Die Nahtzugaben sauber auseinanderbügeln.

4. Anschließend werden der Beleg und das Oberteil rechts auf rechts aneinandergesteckt. Allerdings nähen wir zuerst nur den Halsausschnitt mit 1 cm Nahtzugabe fest.

5. Im zweiten Anlauf nähen wir die Armlöcher. Wer ganz sauber zugeschnitten und genäht hat, merkt nun schon beim Stecken, dass der Beleg minimal kleiner ist als das Oberteil. Dadurch legt er sich später schön ins Oberteil und blitzt nicht hervor. Die Nahtzugabe muss in den Rundungen eingeschnitten werden.

6. So sieht das Oberteil nach einer kleinen Bügeleinheit aus. Jetzt kümmern wir uns auch noch um die Schulternähte.

7. Das Oberteil liegt mit der Belegseite nach außen. Nun wird die hintere Schulter über die vordere gestülpt und festgenäht. Die beiden Träger liegen dabei sauber ineinander, die Nähte sind aneinander und nichts ist verdreht. Bei Kleid Lotte auf Seite 116 und 117 siehst du die Technik auch noch mal mit einem anderen Stoff.

8. Die andere Schulternaht wird ebenso geschlossen und dann sieht das Oberteil so aus.

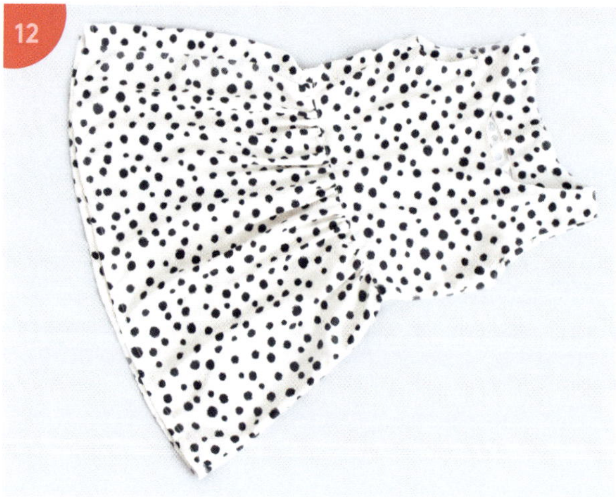

9. Fehlt noch das Rockteil. Hier müssen die beiden Seitennähte rechts auf rechts geschlossen werden …

10. … und das Unterteil auf die Breite des Oberteils gekräuselt werden. Dafür findest du noch eine genauere Anleitung auf Seite 18.

11. Haben beide Teile dieselbe Weite, kann das Unterteil rechts auf rechts an das Oberteil gesteckt und festgenäht werden.

12. Fast fertig! Nur die Nähte wollen noch knappkantig abgesteppt und der Saum umgenäht werden.

VARIATION: SOMMERKLEID LOTTE

SCHWIERIGKEITSGRAD:

⊗ ⊗ ⊗ Mit etwas Muße wirst du mit Wunderbarem belohnt!

Leinenkleid mit Knopfleiste

Lotte ist das Teil für heiße Sommertage – die kühlende Eigenschaft von Leinen ist einfach perfekt für ein leichtes Sommerkleid.

STOFFAUSWAHL:

Leinen oder andere Webware

Stoffverbrauch:
210 cm bei 140 cm Stoffbreite

DAS BRAUCHST DU:

- 2 x Oberes Vorderteil gegengleich
- 1 x Oberes Rückteil im Bruch
- 2 x Vorderteilbeleg gegengleich
- 1 x Rückteilbeleg im Bruch
- 1 x Hinteres Rockteil im Bruch
- 2 x Vorderes Rockteil gegengleich
- 2 x Knopfleiste
- 8 Knöpfe

Alle Schnittteile findest du auf Schnittmusterbogen 5 (Oberes Vorderteil, Vorderes Rockteil) sowie Schnittmusterbogen 6 (Oberes Rückteil, Vorderteilbeleg, Rückteilbeleg, Hinteres Rockteil, Knopfleiste).

ZUSCHNITT:

Gib eine Nahtzugabe von 1 cm und eine Saumzugabe von 1,5 cm zum Schnitt hinzu.

TIPP:

Lust auf ein Kleid mit Knopfleiste, aber keine Lust auf Knopflöcher? Kein Problem, denn Lotte passt auch mit Fake-Knopfleiste. Das heißt, die Knopfleiste kann bequem zugenäht werden und die Knöpfe werden funktionslos und nur für die schicke Optik aufgenäht.

1. Wir starten mit dem Versäubern der Schnittteile. Bei Leinen ist dieser Schritt unverzichtbar, da der Stoff durch seine grobe Struktur doch ordentlich ausfranst. Alle Belegteile werden mit leichter Einlage versehen.
2. Der Beleg beinhaltet Halsloch und Armlöcher, daher müssen wir unsere bekannte Näh-Reihenfolge etwas ändern. Starte nicht mit den Schulternähten, sondern stelle diese hinten an. Rückteil und Vorderteile sowie vordere Belege und Rückteilbeleg werden jeweils an den Seitennähten rechts auf rechts zusammengenäht.
3. Die Nähte werden sauber auseinandergebügelt. Bei Leinen wird Bügelfleiß wirklich belohnt, das Ergebnis wird einfach viel schöner, wenn man ordentlich bügelt.
4. So wie wir eben das Oberteil aneinandergenäht haben, so nähen wir jetzt auch das Rockteil aneinander: Linkes unteres Rockteil und rechtes unteres Rockteil rechts auf rechts an die Seiten des hinteren Rockteils.

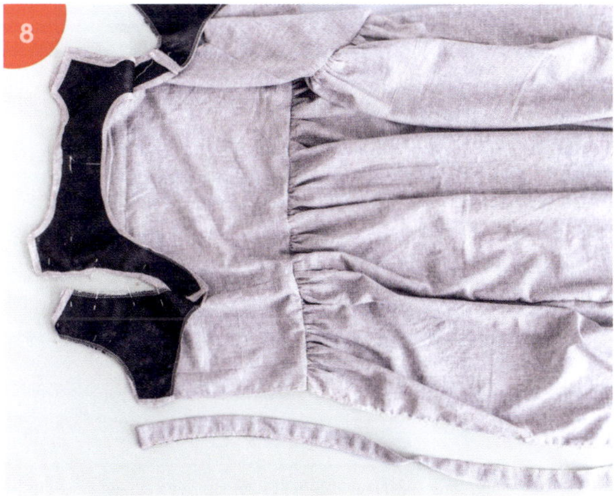

5. Anschließend wird das Unterteil auf die Breite des Oberteils gekräuselt. Eine Anleitung dazu findest du auch noch mal auf Seite 18. Haben dann beide Teile dieselbe Weite, kann das Unterteil rechts auf rechts an das Oberteil genäht werden. Die Nähte von Oberteil und Unterteil treffen sich dabei natürlich. Am leichtesten ist es, wenn man hier zuerst steckt und dann die Kräuselung entsprechend etwas anpasst.

6. Die beiden Knopfleisten werden auf einer der kurzen Seiten rechts auf rechts zusammengenäht …

7. … und dann wieder gewendet, sodass die linke Seite innen liegt. Der Umbruch wird hierbei sorgfältig gebügelt.

8. Nun werden der Beleg und das Kleid rechts auf rechts aneinandergesteckt. Noch nicht nähen, wir müssen erst noch die beiden Teile der Knopfleiste verarbeiten!

9. Die beiden Knopfleisten kommen mit der offenen Kante, wie im Bild zu sehen, rechts auf rechts an die Seiten des Vorderteils. Zum Ausschnitt ist dabei 1 cm Abstand.

10. Nun darf endlich genäht werden. Und zwar seitlich vom Saum des Kleids bis zur Schulter. Diese bleibt offen. Dann den Halsausschnitt und die zweite Seite – hier bleibt auch die Schulter offen. Die Nahtzugabe wird in den Rundungen bis zur Naht eingeschnitten ...

11. ... damit der Beleg sauber gewendet werden kann.

12. Nun müssen die Schulternähte geschlossen werden. Das Oberteil liegt mit der Belegseite nach außen. Jetzt wird die vordere Schulter in die hintere gesteckt ...

13. ... und festgenäht. Die beiden Träger liegen dabei sauber ineinander, die Nähte sind aneinander und nichts ist verdreht.

14. Die andere Schulternaht wird auf die gleiche Weise geschlossen.

15. Der komplizierte Teil ist geschafft, nun kann zur Entspannung einmal alles knappkantig abgesteppt werden. Der Saum muss auch noch umgenäht werden. Bevor es an die Knopflöcher geht, müssen diese noch vom Schnittteil übertragen werden. Wie man Knopflöcher näht, steht auf Seite 17.

16. Die 8 Knöpfe sind am Kleid? Dann kann die Sommerparty ja kommen!

HOSE HEDDA

SCHWIERIGKEITSGRAD:

- Schaffst du locker!

Gemütliche Hose mit schmal zulaufendem Bein und aufgesetzten Taschen
Hedda ist gemütlich und gleichzeitig elegant – wie so oft entscheidet die Stoffwahl über den Stil der Hose.

STOFFAUSWAHL:

Leinen, Halbleinen, Chambray oder aber auch Viskosewebware

Stoffverbrauch:
160 cm bei 140 cm Stoffbreite

DAS BRAUCHST DU:

- 2x Vorderhose gegengleich
- 2x Hinterhose gegengleich
- 1x Bund im Bruch
- 2x Aufgesetzte Tasche gegengleich
- Gummiband 3 cm breit in Taillenweite

Alle Schnittteile findest du auf Schnittmusterbogen 6.

ZUSCHNITT:

Gib eine Nahtzugabe von 1 cm sowie eine Saumzugabe am Bein von 1,5 cm zum Schnitt hinzu.

TIPP:

Miss deine Innenbeinlänge und vergleiche sie mit dem Schnitt. Wenn du deutlich kürzen oder verlängern musst, mach das einmal im Oberschenkel- und einmal im Wadenbereich. Hier sind extra Linien eingezeichnet.

1. Versäubere alle Schnittteile und versehe den Hosenbund mit leichter Einlage. Ich habe leider kein passendes Hosengummi mehr, deshalb liegt hier stellvertretend das coole Leo-Gummiband im Bild.

2. An den beiden Taschenteilen werden die Kanten sauber umgebügelt. Die schräge Kante, der spätere Eingriff, wird knappkantig umgenäht.

3. Stecke die Tasche mit dem fertig genähten Eingriff und den umgebügelten Kanten laut Markierungen auf die beiden Teile der Vorderhose und steppe sie knappkantig fest. Die beiden Kanten, die später seitlich und oben mit eingefasst werden, sind noch offen – sie werden optional einfach in der Nahtzugabe mit ein paar Stichen fixiert, damit sie später auch ganz sicher mitgefasst werden.

4. Nun werden die jeweils zueinander passenden Vorder- und Hinterhosen rechts auf rechts gesteckt. Die Außenbeinkante und die Innenbeinkante werden genäht und anschließend sauber gebügelt.

5. Um die beiden Hosenbeine im Schritt aneinandernähen zu können, muss eines auf links und eines auf rechts gewendet sein. Stecke sie nun so ineinander, dass sie rechts auf rechts liegen. Nun kann die Naht im Schritt geschlossen werden.

6. Sieht doch schon wie eine Hose aus! Als Nächstes wird der Hosenbund rechts auf rechts an der kurzen Kante zusammengenäht. Hier bleibt allerdings auf einer Seite eine kleine Lücke, um später ein Gummiband einziehen zu können. Wenn du magst, kannst du dort auch noch die Nahtzugabe auseinanderbügeln und knappkantig absteppen.

7. Der im Umbruch links auf links gefaltete Bund wird nun rechts auf rechts an die Hose gesteckt. Die Seitennähte sind mit Markierungen versehen, und der Bund muss genau passen. Achtung, die kleine Lücke soll später natürlich auf der Innenseite der Hose sein! Vor dem Einziehen des Gummibands habe ich dann noch die Naht schön knappkantig abgesteppt.

8. Zum Schluss müssen nur noch die Beine gesäumt werden und fertig ist das gute Stück.

VARIATION: KURZE HOSE HOLLY

SCHWIERIGKEITSGRAD:

- Schaffst du locker!

Kurze Hose mit versäubertem Umschlag

Holly ist ein schnelles Sommerteilchen mit einem kleinen, bunten Hingucker am Beinabschluss.

STOFFAUSWAHL:

Leinen, Halbleinen, Musselin, Jeans

Stoffverbrauch:
100 cm bei 140 cm Stoffbreite

DAS BRAUCHST DU:

- 2x Vorderhose gegengleich
- 2x Hinterhose gegengleich
- 1x Bund im Bruch
- Gummiband 3 cm in Taillenweite
- Optional: 2–4 Stoffstücke, circa 2x5 cm, zum Versäubern

Alle Schnittteile findest du auf Schnittmusterbogen 6.

ZUSCHNITT:

Gib eine Nahtzugabe von 1 cm sowie eine Saumzugabe am Bein von 1,5 cm zum Schnitt hinzu.

TIPP:

Markiere die Schnittteile der Hose deutlich erkennbar mit Trickmarker. Gerade Leinenstoff sieht von links und rechts oft fast identisch aus und die Hosenbeine sind wirklich schnell falsch zusammengenäht.

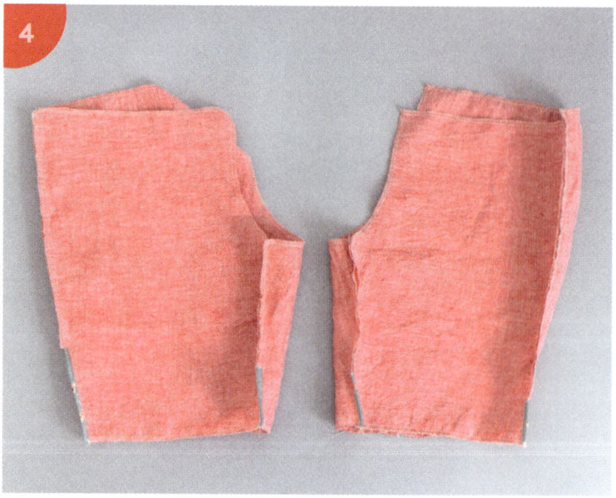

1. Versäubere alle Schnittteile und bebügle den Hosenbund mit leichter Einlage.

2. Die jeweils zueinander passenden Vorder- und Hinterhosen werden rechts auf rechts gesteckt. An den Saum wird zusätzlich rechts auf links das Stoffstück gesteckt und mitgenäht.

3. Das Stoffstück wird nun um die Nahtzugabe geschlagen. Wenn es zu knapp ist, darf die Nahtzugabe auch etwas zurückgeschnitten werden. Beim Festnähen des Umschlags ist es wichtig, dass wirklich nur in der Nahtzugabe genäht wird. Schließlich soll die Weite des Beines von der Versäuberung nicht beeinflusst werden.

4. Für die hübsche Optik reicht es eigentlich aus, nur die Beinaußenseite zu versäubern, aber da es so schnell geht, nähe ich die Beininnenseite auch mit Versäuberungsstreifen.

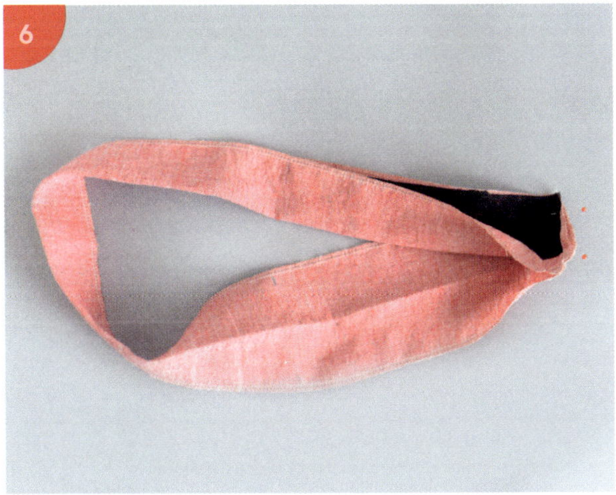

5. Nach dem Bügeln die beiden Hosenbeine aneinandernähen. Dazu ein Bein auf links und eines auf rechts wenden. Stecke die Beine so ineinander, dass sie rechts auf rechts liegen und die Stoffkante im Schritt passend abschließt und nähe dann.

6. Den Hosenbund rechts auf rechts an der kurzen Kante zusammennähen. Hier bleibt auf einer Seite eine Lücke für das Gummiband. Die Nahtzugabe auseinanderbügeln und links und rechts der Lücke noch knappkantig absteppen. Nach dem Einziehen des Gummibands die Lücke dann mit ein paar Handstichen schließen – oder offen lassen.

7. Zuerst kommt der Bund aber an die Hose. Dazu wird er im Umbruch links auf links gefaltet und laut Markierungen an die Hose gesteckt. Die kleine Lücke soll später natürlich auf der Innenseite sein! Sie liegt im Bild auf dem Untergrund.

8. Die Hosensäume werden sauber zweimal nach außen umgebügelt und festgesteppt. In der Mitte des Beines habe ich ihn noch mal von Hand mit einem Stich fixiert. Fehlt noch ein Gummiband im Bund, dann ist die Hose fertig. Vor dem Einziehen des Bands habe ich noch die Naht des Hosenbunds knappkantig abgesteppt.

DANKSAGUNG

HERZLICHEN DANK AN

… meine Familie, die mich auch beim vierten Buch wieder tatkräftig unterstützt hat.

… den ganzen EMF-Verlag – vor allem Lisa.

… die großzügigen Sponsoren, dank denen ich mich mit schönsten Materialien eindecken durfte: Alles für Selbermacher, Buttinette, Snaply und Rico Design.

… Eva für die wundervolle Umsetzung meiner Schnitt-Ideen.

… meine Montags-Mädels – für einfach alles!

Zeig mir, was du genäht hast! Ich bin absolut gespannt, welche Modelle du aus welchen Stoffen genäht hast, und freue mich auf Inspiration.

Verlinke **@aennisews** auf Instagram oder benutze die Hashtags

#hejSkandiChic #hejSkandiChicÄnni

Wenn du meine Stoffauswahl gut findest, schau gerne bei meinen Sponsoren – Alles für Selbermacher, Buttinette, Snaply und Rico Design – vorbei.

Solltest du Hilfe bei der Stoffsuche benötigen, schreib mich gerne an. Meine Perfect Matches bei Stoff und Schnitt in diesem Buch sind übrigens diese hier:

Rüschenkleid Elsa und der karierte Doubleface-Musselin von Alles für Selbermacher.

Paola und der Baumwoll-Feinstrick in dunklem Orange (welches für mich eher nach Koralle aussieht) von Alles für Selbermacher.

Cardigan Solveig und der Stricksweat Bono in Ziegelrot, bestellt bei Snaply. Überhaupt sind Bono und Bene von Swafing toll für alle Schnitte, die feinen Strick verlangen. Sie sind herrlich unkompliziert zu vernähen und zudem noch in fast jeder Wunschfarbe erhältlich.

Last but not least: Die feine Viskose von Mind the Maker über Alles für Selbermacher. Sie harmoniert einfach toll mit dem Kleid Tilla vom Cover.

AUTORIN

Anja wohnt mit ihrer Familie in Stuttgart, wo sie als selbstständige Grafikdesignerin arbeitet.

Schon in ihrer Kindheit schnitt sie Löcher in ausgemusterte Socken, um ihren Puppen neue Kleider zu verpassen – seit dem Upcycling von damals ist einiges geschehen.

In die erste eigene Wohnung zog leihweise Mutters alte Nähmaschine mit ein und aus „nur mal ein bisschen Probieren" wurde sehr schnell ein neues Hobby, und die alte Maschine durfte besseren Modellen Platz machen.

Seit 2012 bloggt die Designerin unter aennisews, und seit 2016 hat sie Hobby und Beruf miteinander vereint und entwirft auch Stoffdesigns sowie Zubehör. 2021 erschien ihr erstes Buch *Hej. Skandi-Chic*, im Frühjahr 2022 folgte *Hej. Skandi-Chic 2* und im Herbst *Hej. Skandi-Chic Super Cosy – Kleidung nähen für kältere Tage*.

IMPRESSUM

Bibliografische Information der Deutschen Bibliothek.

Die Deutsche Bibliothek verzeichnet diese Publikation in der Deutschen Nationalbibliografie.

Detaillierte bibliografische Daten sind im Internet über http://www.dnb.de/abrufbar.

EIN BUCH DER EDITION MICHAEL FISCHER

1. Auflage 2023

Layout: Meritt Hettwer

Covergestaltung, Satz: Luca Feigs

Produktmanagement, Lektorat: Lisa Helmus

Bildbearbeitung, Satz Schnittmusterbogen: Bernadett Linseisen, schere.style.papier, München

Aufmacherbilder: Corinna Teresa Brix, Atelier Brix, München

Step- und Schmuckbilder: Anja Roloff

Schnittkonstruktion: Eva Küpper, Remagen

ISBN: 978-3-7459-1629-4

Gedruckt bei Polygraf Print, Čapajevova 44, 08001 Prešov, Slowakei

www.emf-verlag.de